CORNELIA NITSCH

DER ELTERN FÜHRERSCHEIN

D1927030

Inhalt

Das Familienleben gestalten

Zum Nachschlagen

»Was wir am nötigsten brauchen,
ist ein Mensch, der uns dazu bringt,
das zu tun, was wir können.«

[Ralph Waldo Emerson | *amerikanischer Philosoph und Dichter, 1803–1882*]

Vorwort

Vorwort

Wenn es um die Erziehung ihres Kindes geht, sind sich Mütter und Väter ihrer Entscheidungen nicht immer sicher. Wie sollten sie auch – fürs Elternsein gibt es keine Ausbildung! Eltern haben ihr Wissen aus der Erinnerung geschöpft, bei Freunden und Verwandten abgeguckt, aus Büchern angelesen und sich ihr Können durch Versuch, Irrtum und Korrektur antrainiert. Dieses Buch will Sie nicht nur an wichtige Erziehungsziele erinnern und Tipps geben, um den Alltag mit Kind schöner und einfacher zu gestalten, sondern bietet Ihnen darüber hinaus vielfach Gelegenheit, Ihr Erziehungswissen zu erweitern, Ihre Kompetenz an der Praxis zu erproben. Sie finden hier viele unterhaltsame Fallgeschichten und Situationen, immer mit großem Fragezeichen am Ende und entsprechenden Lösungsvorschlägen.

Diese Geschichten laden dazu ein, beim Lesen und Nachdenken, Schmunzeln und Knobeln gedanklich in einen quicklebendigen Alltag mit fröhlichen, temperamentvollen Kindern einzutauchen, typische Krisenmomente in neuem Licht zu sehen, Lösungen zu finden, Entscheidungen zu treffen. Viele der Situationen werden Ihnen sicher nur zu bekannt vorkommen! Vielleicht stellen Sie aber auch erleichtert fest: »Es gibt ja nicht nur turbulente, fordernde Situationen in unserem Familienalltag, sondern auch ruhige Momente und schöne gemeinsame Erlebnisse.«

Ich wünsche Ihnen viel Freude mit diesem Buch!

Cornelia Nitsch

Erziehung durch Beziehung

Wie sehen die Grundlagen einer guten Erziehung eigentlich aus? Worauf kommt es in einer Familie vor allem an? Die Beziehung zwischen Eltern und Kind, das Klima zu Hause muss stimmen, damit sich ein Kind vor diesem sicheren und anregenden Hintergrund frei und gut entwickeln kann. Wenn Sie die folgenden drei goldenen Regeln der Erziehung beachten, sind damit die wichtigsten Eckpunkte für einen guten Start ins Leben gesetzt.

Die erste Regel: Zuwendung schenken und Vertrauen wecken

Zeigen Sie Ihrem Kind an jedem Tag Ihre Liebe und Ihre Sorge um sein Wohl. Es braucht Ihre Zuwendung, Ihre Zärtlichkeit, Ihr Interesse, damit es mit sich und seiner Umwelt in Einklang leben und sich in der Welt gut zurechtfinden kann. Gleichzeitig braucht es aber auch Ihre Hilfe zur Selbstständigkeit – ein Balanceakt, der für Sie als Eltern eine große Herausforderung bedeutet.

Nicht nur Ihr Kind entwickelt sich in Riesenschritten weiter, sondern Sie wachsen mit, müssen Ihre Einstellung zu Ihrem Nachwuchs laufend korrigieren, Ihr Denken und Handeln seiner fortschreitenden Entwicklung anpassen – eine Herausforderung an Ihre Geduld und Ihr Können. Gelingt es Eltern, ihrem Kind ebenso Halt und Geborgenheit zu geben wie Schritt für Schritt seine Unabhängigkeit zu fördern, fühlt sich ihr Kind sicher genug, die Welt auf eigene Faust zu erobern.

Werden die Wünsche eines Kindes nach liebevoller Zuwendung und Hautkontakt ernst genommen und in angemessener Weise erfüllt, und erfährt es in seiner Familie Nähe und Wärme, Verständnis und Interesse an seinen Belangen, dann fühlt es sich gut aufgehoben, sicher wie in Abrahams Schoß. Auf dieser guten Basis kann es Selbstvertrauen und Vertrauen in seine Umwelt entwickeln.

Wer in seiner Kindheit **Zuwendung** und **Zärtlichkeit** tankt,
kann später aus diesem **Reservoir** schöpfen.

Ein Grundbedürfnis: die Sehnsucht nach Nähe

Jedes Kind hat ein großes Bedürfnis nach menschlicher Nähe, nach Wärme und Zuneigung. Solange es klein ist, kümmern sich Mutter und Vater besonders intensiv um sein Wohl und seine kleinen und großen Nöte. Sie sorgen nicht nur dafür, dass es satt, sauber und gesund ist, sondern tun weit mehr, damit es sich gut entwickelt. Zum Beispiel:

→ **SIE FÖRDERN IHR KIND**, bieten ihm Anregungen, spielen kleine Spiele: Die Mutter pflückt eine Blume, damit das Kind die Blütenblätter abzählen kann. Der Vater macht es auf die Wolken aufmerksam, die sich am Himmel zusammenballen, und erklärt ihre Entstehung. Und wie interessant erst so ein Ameisenhügel ist …!

→ **SIE BESCHÜTZEN IHR KIND**, entwickeln Rituale, die Geborgenheit vermitteln: Mutter und Vater reichen ihm zur Sicherheit die Hände, halten ihr Kind fest, wenn es versucht, auf einem Bein vorwärts zu hüpfen. Oder sie zeigen ihm, wie es sicher über eine Straße kommt.

SCHON DIE KLEINSTEN ZEIGEN, WAS SIE BRAUCHEN

In den ersten Lebensjahren braucht das Baby seine Eltern besonders und weist sie nachdrücklich und lautstark auf seine Bedürfnisse hin: Schreiend teilt es mit, dass es Hunger hat. Manchmal hungert es nach ganz besonderer »Nahrung«: nach der Nähe und Wärme von Mutter oder Vater. Mithilfe seines ganzen Wesens, auch seines niedlichen Aussehens – großer Kopf, rundlicher Körper, tapsige Bewegungen – sorgt es dafür, dass es ans Ziel seiner Wünsche kommt. Mit all seinen Mitteln lockt das kleine Wesen die Erwachsenen herbei und bringt sie dazu, es zu streicheln und intensiv zu umsorgen, in den Arm zu nehmen, zu schaukeln, zu trösten, bis es sich entspannt. Intensive Zuwendung der Eltern oder anderer Betreuer drückt Interesse und Verständnis aus, schenkt Wärme und Nähe – all das ist für ein Baby lebensnotwendig.

WACHSENDE SELBSTSTÄNDIGKEIT AUF EINER SICHEREN BASIS

Auch wenn es älter geworden ist, braucht ein Kind Zuwendung und Zärtlichkeit. Es zeigt sein Bedürfnis nach Nähe nun allerdings weniger deutlich und offen als in seinen ersten Lebensjahren. Mit zunehmendem Alter will es sich langsam abnabeln, auf größeren Abstand zu seinen Eltern gehen. Deshalb löst es sich immer häufiger von ihrer beschützenden Hand und macht sich selbstständig. Es will die Welt erkunden, sucht nach Antworten auf Fragen wie: »Was verbirgt sich hinter dem Zaun am Ende des Gartens?« – »Wie sieht es bei den Nachbarn in der Küche aus?« – »Gelingt es mir, die Katze zu fangen?« Täglich erweitert es seinen Radius, lernt dazu, sammelt Erfahrungen:

→ **ES FINDET** seine ersten **SANDKASTENFREUNDE.**
→ **ES ENTDECKT NEUE SPIELE** und probiert sie aus.
→ **ES LERNT,** dass es im Leben auch – oft recht unbequeme – **PFLICHTEN UND PROBLEME** gibt, die es immer häufiger allein lösen kann und muss.

»Verwöhne ich mein Kind, wenn ich es behüte?«

Wird Ihre Zärtlichkeit, Ihre Begleitung bei allem Drang Ihres Kindes zur Autonomie wirklich noch intensiv gebraucht? Ja! Denn mutige Schritte zu mehr Selbstständigkeit gelingen nur, wenn Ihr Kind gut geerdet ist – fest auf beiden Beinen im Leben steht. Das heißt: wenn es zu Hause von Anfang an zuverlässig Zuspruch erfährt, wenn es in einem Klima aufwächst, das ihm Halt und Geborgenheit bietet und seine Fortschritte unterstützt. Jedes Kind sehnt sich nach zärtlicher, verlässlicher Zuwendung und Akzeptanz, braucht eine Familie, die sich um sein Wohlergehen sorgt und es vor Unbill schützt, seine Entwicklung bewusst und liebevoll begleitet, jeden neuen Schritt wahrnimmt und begrüßt, ohne »den kleinen Spatz« zu sehr zu verwöhnen.

Wie viel Zuwendung braucht mein Kind?

Zum einen mitschwingen, zum anderen auf Distanz gehen. Geborgenheit bieten, aber Abhängigkeit verhindern. Selbstständigkeit fördern, dabei aber einen Rückhalt bieten. Beschützen, jedoch nicht überbehüten – ein ständiger Balanceakt für Eltern.

Lassen Sie Ihr Kind Ihre Liebe spüren. Zeigen Sie Ihre Gefühle. Die Wärme Ihrer Haut, Ihre Arme, die Ihr Kind schützend halten, Ihr vertrauter Geruch, Ihr liebevoller Blick, Ihre zärtliche Stimme – all das bedeutet für Ihr Kind Sicherheit und Vertrauen. Es will in Geborgenheit baden und das Gefühl aufsaugen: »Ich bin zu Hause gut aufgehoben. Meine Eltern sind für mich da. Ich bin ihnen eine Freude. Da ist jemand, der mit mir schmusen mag. Der mich einfach lieb hat.« Auch wenn es Ihrer Liebe sicher ist, möchte Ihr Kind sie immer wieder fühlen, sehen, hören! Deshalb ist es so wichtig, dass Sie sich Zeit für Zuwendung und Zärtlichkeit nehmen, sich dauerhaft für die Belange, Gedanken und Empfindungen Ihres Kindes interessieren.

Zeigen Sie Interesse an seinem Tun und Denken, seinen Lieblingsspielen und -beschäftigungen, fragen Sie regelmäßig nach seinen Freunden, nach seinen Erlebnissen. Aber bitte nicht ausfragen, denn dann verliert es die Lust am Erzählen! Reden Sie viel mit Ihrem Kind. Sprechen Sie es an, wenn Sie meinen, dass es sich zurückzieht.

Nehmen Sie sich Zeit für Ihr Kind, planen Sie möglichst gemeinsame Unternehmungen in den Tag ein, etwa eine kleine Runde im Park oder einen Ausflug in den Zoo. Zeigen Sie, dass Sie Freude daran haben. Pflegen Sie am Wochenende und in den Ferien das Zusammensein.

Entwickeln Sie gemeinsam Rituale, fröhliche Familiengewohnheiten, die signalisieren: »Wir haben es gut miteinander!« Vorlesestunden, Bastelnachmittage, gemeinsame Frühstücke können zu schönen Gewohnheiten werden und Sicherheit vermitteln.

Gerade wenn der Alltag anstrengend und hektisch ist, sollten Sie bewusst ein Gegengewicht setzen: zusammen spielen, lachen und toben – Fröhlichkeit genießen. Ihr Kind braucht diese Kontinuität.

Fördern Sie das Zusammengehörigkeitsgefühl: Jedes Familienmitglied sollte Verständnis für die anderen Mitglieder aufbringen. Appellieren Sie häufiger an den Gemeinsinn. Viele Pflichten, die zu Hause anfallen, kann man sich teilen: die Hausarbeit, das Einkaufen …

»Ich liebe mein Kind« bedeutet: »Ich akzeptiere meinen Nachwuchs so, wie er ist, mit seinen Stärken und Schwächen.« Das fällt nicht immer leicht – vor allem, wenn man Vorstellungen vom »perfekten« Kind hat. Eltern sollten sich immer wieder fragen: »Gelingt es mir, mein Kind so anzunehmen, wie es ist?«

Unterstützen Sie den Drang Ihres Kindes nach Selbstständigkeit. Zeigen Sie Vertrauen in seine Fortschritte und machen Sie ihm stets Mut: »Zieh los und schau, was du findest! Du wirst schon klarkommen! Du bist für dich selbst verantwortlich! Du musst selbst entscheiden, und das kannst du auch!« Fördern Sie Treffen mit Freunden des Kindes in Ihrer Wohnung oder im Garten. Zeigen Sie Vertrauen in sein Handeln, zum Beispiel wenn es allein Freunde in der Nachbarschaft besuchen möchte. Hören Sie Ihrem Kind aufmerksam zu, wenn es von spannenden Unternehmungen außerhalb der Familie erzählt; fragen Sie interessiert nach. Geben Sie Ihrem Kind bei alldem immer das Gefühl, dass Sie bei Schwierigkeiten parat stehen: Das gibt ihm die Sicherheit, Herausforderungen zu suchen.

Eltern dürfen ihr Kind nicht **in einen Kokon** von **zu viel Liebe** einwickeln, sondern **müssen** ihm zunehmend **Freiräume** zugestehen.

Zuwendung geben trotz Alltagshektik

Ein Kind kommt damit klar, dass der ganz normale Alltag etwas anderes ist als der Urlaub oder das Wochenende und dass die Familie in hektischen Zeiten weniger Zeit für es hat. Hauptsache, es spürt weiterhin Liebe, Vertrauen und Geborgenheit.

- → **JE VERTRAUENSVOLLER DIE BEZIEHUNG** zwischen Eltern und Kind ist, desto eher orientiert sich das Kind an Mutter und Vater. Wer sein Kind liebt, ihm diese Liebe zeigt und sich zuverlässig um sein Wohl kümmert, ist als Vorbild bei seinem Nachwuchs also besonders gefragt: Sorgen Sie auch im Alltag für ein gutes Familienklima, bleiben Sie liebe- und humorvoll, fröhlich und gelassen. Dann steckt auch Ihr Kind turbulente oder anstrengende Zeiten besser weg – und Sie können sich einige anstrengende Erziehungsmaßnahmen schenken.
- → **SEIEN SIE OPTIMISTISCH** und vergessen Sie nie die Sonnenseiten im Leben mit Ihrem Kind. Besonders in Stresssituationen neigen viele Erwachsene dazu, ihr Kind in der ärgerlichen Erwartung zu belauern: »Gleich wird es wieder versuchen, mich auszutricksen! Es will mir mit Absicht alles noch schwerer machen!« Seien Sie lieber um eine positive Grundhaltung bemüht, nehmen Sie vor allem die guten Seiten Ihres Kindes wahr und freuen Sie sich daran. Solch ein positiver Blick wirkt sich meist auch positiv auf das kindliche Verhalten aus!
- → **WENN EIN KIND AUSSER RAND UND BAND GERÄT,** über die Stränge schlägt, schimpfen Mütter und Väter gerne. Oft wirkungsvoller als Strafpredigten: Das wütende Bündel fest in die Arme nehmen und ihm signalisieren »Ich mag dich, auch wenn du gerade reichlich Blödsinn gemacht hast! Ich mag dich immer! Darauf kannst du dich verlassen!« Wenn sich der Wüterich beruhigt hat, ist immer noch Gelegenheit, über den Konflikt, über angemessenes oder unangemessenes Verhalten zu sprechen.

Lernen Sie von Ihrem Kind!

Erziehung ist keine Einbahnstraße, denn nicht nur Sie geben Ihre Erfahrungen und Vorstellungen weiter, sondern Sie profitieren umgekehrt auch von Ihrem Kind, von seinem besonderen Blick aufs Leben und seinen besonderen Fähigkeiten: Kleine Kinder sind spontan, direkt, offen, wenn es ihnen gut geht – rund und tapsig wie kleine Bären, fröhlich und unverkrampft. Wenn ein Knirps Lust dazu hat, krabbelt er munter auf Mutters Schoß. Kuschelt sich an und signalisiert von Kopf bis Fuß: »Ich fühl mich wohl bei dir!« Anschließend wird der Papa umgarnt und mit Zuwendung verwöhnt. Lassen Sie sich von dieser unbeschwerten Fröhlichkeit mitreißen!

Ältere Kinder sind eher aufs Toben aus, wild und übermütig wie junge Fohlen. Ein Kind im Vorschulalter will spielen. Es stürmt auf und davon, lässt sich fangen, festhalten, drücken und bringt Ihnen wieder bei zu raufen, Kräfte zu messen. Ausgelassen, ungestüm und verspielt können Sie Ihre Zärtlichkeit zum Ausdruck bringen. Das Toben und Lachen tut Leib und Seele gut, erfrischt – und es hält fit.

Für ein Kind zählt nur der Augenblick. Sie können von ihm wieder lernen, unbeschwert den Moment zu genießen, Nähe und Wärme bewusst und voller Genuss wahrzunehmen. Wer sich mit Haut und Haaren auf sein Kind einlässt, kann seine tiefe Anteilnahme und Lebensfreude miterleben, Fröhlichkeit im Überfluss – ein dickes Geschenk.

Aus der **Lebendigkeit** und **Zärtlichkeit** ihrer Kinder können Eltern **Kraft schöpfen** – eine Freude, die sie **Anstrengungen** bald **vergessen** lässt.

DAS RICHTIGE MASS AN ZUWENDUNG FINDEN

In unserer hektischen, sich rasant verändernden, oft chaotischen Welt bleiben Zuwendung und Geborgenheit manchmal auf der Strecke: Keine Zeit! Deshalb sprechen viele von Beziehungslosigkeit, von Unverbindlichkeit, von einem Mangel an Wärme und Interesse für andere. Viele versuchen in ihrer Familie bewusst ein Gegengewicht zu setzen. Nicht immer gelingt es, dabei das richtige Maß zu finden.

Häufig sind **ELTERN INTENSIV MIT SICH SELBST BESCHÄFTIGT** oder mit der Lösung von Problemen und geben ihrem Kind deshalb zu wenig Zuwendung, Halt und Geborgenheit. Oder sie haben Sorge, ihr Kind zu sehr zu verwöhnen, wenn sie ihm viel Aufmerksamkeit widmen. Oft wird den Eltern erst dann bewusst, dass etwas nicht stimmt, wenn ihr Kind zum Beispiel mit ständigem»Theater« die Aufmerksamkeit auf sich zu ziehen versucht. Wenn ein Kind auf einen Mangel an Aufmerksamkeit mit übergroßer Aggressivität oder völligem Rückzug reagiert, braucht es häufig professionelle Hilfe.

Andere Eltern haben dagegen **ANGST, IHR KIND LOSZULASSEN** – und bringen es um seiner Sicherheit willen um wichtige eigene Erfahrungen und Erfolgserlebnisse, um Mut und Selbstvertrauen.

Kümmern Sie sich liebevoll um Ihr Kind, schenken Sie ihm viel zärtliche **AUFMERKSAMKEIT** – und lassen Sie gleichzeitig seine wachsende **SELBSTSTÄNDIGKEIT** zu. Dann besteht keine Gefahr von zu intensiver Bindung und Abhängigkeit.

Überprüfen Sie ab und zu, ob das Maß Ihrer Zuwendung der **ENTWICKLUNGSSTUFE** Ihres Kindes noch entspricht. Und ob Ihre Vorsichtsmaßnahmen den Risiken realistisch angepasst sind, etwa wenn Sie rufen: »Stopp, nicht zu schnell!« So finden Sie heraus, in welchem Maß Schutz und Fürsorge noch angebracht sind.

Die zweite Regel: Die Persönlichkeit respektieren

Selbstachtung beruht auf der Erfahrung, von anderen geachtet zu werden und ihr Vertrauen zu genießen. Nur wer diese Erfahrung macht, kann Achtung vor sich selbst und vor anderen entwickeln, befriedigende Beziehungen zu anderen eingehen, in seine eigenen Fähigkeiten vertrauen und eigenverantwortlich handeln.

Wenn Sie als Mutter oder Vater immer wieder Freude an der Wesensart Ihres Kindes und an seiner Entwicklung zeigen, seine ganz besonderen Fähigkeiten wertschätzen und auch seine Eigenheiten und Macken humorvoll zur Kenntnis nehmen, schaffen Sie damit die Voraussetzungen, dass sich Ihr Spross zu einem Menschen mit einem guten Selbstwertgefühl entwickeln kann.

Jedes Kind, egal ob noch klein oder schon größer, hat ein enormes Bedürfnis nach Aufmerksamkeit und Anerkennung. Wer in seiner Familie gehört wird, wer ganz selbstverständlich mitreden und mitbestimmen darf, kann auf dieser guten Basis Urvertrauen und Selbstsicherheit entwickeln und mit der Gewissheit durchs Leben gehen: »Ich bin wichtig, denn meine Haltung zählt.«

Ein Grundbedürfnis: der Wunsch nach Achtung

Kein Kind ist das »Produkt« seiner Eltern. Selbst ein Baby, das gerade erst auf die Welt gekommen ist, möchte nicht wie ein völlig hilfloses Bündel behandelt, sondern respektiert werden. Von Anfang an hat es seinen eigenen Kopf: Es kräht munter, schreit nachdrücklich oder mustert seine Eltern erstaunt aus weit aufgerissenen neugierigen Augen. Jedes Kind bringt eine Menge Fähigkeiten mit auf die Welt. Selbst zu Beginn seines Lebens ist Ihr Kind nicht ganz und gar auf Sie angewiesen, sondern nimmt manches schon beherzt selbst in die Hand. Zum Beispiel sorgt es für den nötigen Kontakt, den es braucht, um zu gedeihen. Es bringt seine Eltern mit Hilfe von Lauten, Gestik und Mimik dazu, sich ihm zuzuwenden. Wenn ihm danach ist, beendet es die Kommunikation aus eigenem Antrieb, indem es sich zurückzieht, seinen Blick abwendet, einfach entschlummert. Zu Recht weist der dänische Familientherapeut Jesper Juul darauf hin, dass ein Kind von Geburt an sozial und emotional kompetent ist und diese Kompetenz entsprechend seiner Reife mit jedem Jahr deutlicher zeigt.

Wer von seinen Eltern **respektiert** wird, entwickelt **Selbstsicherheit** und schließlich die **Gewissheit**, auch mit **Problemen** fertig werden zu können: »**Ich finde Lösungen!**«

KLEINE PERSÖNLICHKEITEN

Mit der Entwicklung ihres Kindes nehmen Eltern sein besonderes Profil immer deutlicher wahr: »Mein Sohn/meine Tochter ist einmalig, einzigartig!« Ein Kind reagiert zum Beispiel empfindlich auf Trubel und Lärm, verzieht sich am liebsten in sein Zimmer und malt. Ein anderes ist immer fröhlich auf Achse – je mehr Abenteuer, umso besser. Jeder kleine Mensch will, dass seine Besonderheiten wahrgenommen werden – etwa als Gesprächspartner, der mitreden darf, selbst wenn er sich noch nicht perfekt ausdrückt, als Mitdenker, der gute Ideen liefert, als Freund, auf den Verlass ist, als Partner, auf den man eingeht.

Sein Herz und sein Verstand, seine unterschiedlichen Gefühle und Stimmungen, seine Vorlieben, seine Abneigungen und Sehnsüchte – alles zusammen soll wahrgenommen und geachtet werden – ein Kunststück, das viel Einfühlungsvermögen voraussetzt. Wer mehr als ein Kind erzieht, ist hier besonders gefordert, denn er muss jeder der kleinen Persönlichkeiten auf individuelle Weise gerecht werden.

Wie viele Freiheiten braucht mein Kind?

Wie können Sie Ihrem Kind deutlich machen, dass Sie es ernst nehmen und achten? Indem Sie ihm von Anfang an zeigen, dass Sie eine bemerkenswerte Persönlichkeit in ihm sehen.

Schon ein Baby möchte mitentscheiden können, was seine eigenen Belange betrifft. Fragen Sie es beispielsweise – in Verbindung mit der entsprechenden Geste – : »Willst du mit dem Ball spielen?« Oder: »Magst du Saft trinken?« Auch wenn es Ihre Worte noch gar nicht richtig versteht, ist ihm die zugewandte, liebevolle Haltung von Mutter oder Vater sicherlich wichtig. Es tut einfach gut, angesprochen und in Entscheidungen einbezogen zu werden! Nach Wochen und Monaten, wenn es schon mit einem Lächeln, einem Gurren, Nicken oder Kopfschütteln antwortet, freut es sich, wenn diese Zeichen von seinen Eltern beachtet, verstanden und beantwortet werden. Dann ist es zufrieden und ausgeglichen.

Ein Kleinkind will überlegen, ob es lieber im Planschbecken oder im Sandkasten sitzen möchte. Dass andere einfach darüber bestimmen, was es zu tun oder zu lassen hat, passt ihm meistens nicht. Manchmal braucht es bei der Überlegung natürlich ein wenig Unterstützung und Beratung. Wenn seine Entscheidung dann aber gefallen ist, soll sie möglichst respektiert werden. Sind die Großen nicht einverstanden, dann mögen sie ihre Meinung bitte begründen!

»WEIL …«: EIN WICHTIGES WORT

Nicht erst in der Schulzeit erwartet ein Kind die Begründung eines Gebotes oder Verbotes. Jedes Kind möchte, dass die Erwachsenen ihm ihre Vorstellungen und Wünsche erklären. Wenn Sie als Mutter oder Vater Ihre Vorstellungen durchsetzen wollen oder müssen, sollten Sie Ihrem Anliegen also immer ein »Weil« anfügen. Auch damit zeigen Sie: Wir nehmen dich für voll! Drei Beispiele, die das verdeutlichen:

- »**ISS VOR DEM ESSEN KEINE SCHOKOLADE MEHR**, weil dir das den Appetit verdirbt. Dann hast du keinen Hunger mehr auf das Mittagessen!«
- »**HEUTE WIRD AUFGERÄUMT**, weil dein Zimmer geputzt werden muss, denn sonst sammelt sich zu viel Staub an.«
- »**JETZT AB INS BETT.** Licht aus, weil du morgen früh wieder frisch und munter sein musst, denn sonst schläfst du in der Schule!«

Beobachten Sie die Reaktion Ihres Kindes auf Ihre Argumente. Wenn Ihr Kind zustimmt oder widerspricht, wenn es sich mit Ihnen auseinander setzt, dann nehmen Sie nicht nur seine Worte wahr, sondern auch seine Körperhaltung, seine Gestik und Mimik. Berücksichtigen Sie alle Signale. So fällt es Ihnen leichter, seine Stimmung, seine Argumente und Motive zu verstehen, statt auf Ihrem Recht zu beharren.

Verdeutlichen Sie Ihren Standpunkt freundlich, möglichst unaufgeregt und sachlich. Vermeiden Sie allzu ausführliche Erklärungen, denn zu viele Worte können dazu führen, dass Ihr Kind müde wird, nicht mehr zuhört, einfach abschaltet. Oft genügt es, ein Zeichen zu setzen: »Ich weiß, was du meinst, und ich nehme deine Meinung ernst!«

Stellt Ihr Kind Ihre Maßgaben in Frage, begehrt es trotzig auf, dann poltern Sie bitte nicht gleich los, wedeln Sie seine Einwände nicht sofort vom Tisch, sondern respektieren Sie seine Meinung und seinen Widerspruch. Stellen Sie sich der Situation: Hören Sie zu, gehen Sie auf die Einwände Ihres Kindes ein.

MITBESTIMMUNG

Begegnen Sie den Ideen, Gedanken und Vorschlägen Ihres Kindes offen. Es liegt oft nahe, erst einmal Nein zu sagen: »Nein, nicht im Zelt schlafen. Viel zu kalt!« – »Nicht im Regal nachschauen, ob wir ein Buch über Saurier haben. Jetzt ist Wichtigeres dran!« Manche Neins sind natürlich sinnvoll, viele aber auch überflüssig.

Ganz klar: Vater und Mutter haben das Sagen, und ohne Gehorchen funktioniert es nicht. Lassen Sie aber immer durchschimmern, dass Sie die Meinung Ihres Kindes ernst nehmen und ehrlich bemüht sind, sich fair damit auseinander zu setzen. Möglichst unaufgeregt, kurz und sachlich sollten Sie Ihren Standpunkt verdeutlichen. Nur so lernen Kinder, dass sie mitreden, mitdenken, mitbestimmen dürfen. Wer das nicht darf, kann keinen eigenen Willen entwickeln.

Allerdings wird das Nachfragen und Einbeziehen heute gelegentlich übertrieben. Beim ersten Kind neigen manche Eltern dazu, ihr »kleines Goldstück« zum alleinigen Bestimmer zu küren. So entscheidet das Kind, was es zum Mittagessen gibt, ob der Nachmittag im Park oder bei Oma verbracht wird, der Urlaub an der See oder in den Bergen …

»Laisser-faire« ist natürlich nicht gemeint, wenn die Rede von Freiraum ist, den ein Kind braucht, um sich gut zu entwickeln. Freiraum braucht Grenzen. Ein Kind ist bei Familienentscheidungen nicht alleiniger Bestimmer, sondern Mitbestimmer – natürlich seiner jeweiligen Entwicklungsstufe entsprechend.

Familienleben ist wie ein Ping-Pong-Spiel:
Es macht erst durch ständigen **Austausch**
Freude – und durch **Regeln**,
die von **allen** akzeptiert werden.

JEDER BEKOMMT SEIN STÜCK VOM KUCHEN!

Viele Eltern sind unsicher, wenn es einerseits um die Freiheiten geht, die sie ihrem Kind lassen sollen, andererseits um Einschränkungen dieser Freiheit. Ein Bild, an dem Sie sich orientieren können: Stellen Sie sich eine Torte vor und teilen Sie diese Torte in drei Stücke.

- **TORTENSTÜCK 1:** Über diesen Teil des Kuchens darf Ihr Kind allein verfügen. Übertragen heißt das: Etwa ein Drittel aller im Alltag anfallenden Probleme löst es allein – jeweils seinem Alter entsprechend. Dies können etwa Fragen zur Kleidung oder zum Essen sein.
- **TORTENSTÜCK 2:** Über diesen Kuchenanteil dürfen Sie bestimmen. Etwa ein Drittel aller im Alltag anfallenden Fragen entscheiden Sie allein, beispielsweise Fragen der Sicherheit.
- **TORTENSTÜCK 3:** Hier haben Eltern und Kind(er) gemeinsam das Sagen. Über ein Drittel aller Themen einigen Sie sich mit Ihrem Nachwuchs. Mal hat der eine, mal der andere Vorfahrt. Das Kind merkt, dass sich durch geschicktes Verhandeln mancher Wunsch erfüllt – viel eher als durch Sturheit oder Geschrei und Getobe. Etwas Geduld brauchen Sie allerdings schon: Es kann dauern, bis diese Erfahrung Wirkung zeigt. Übrigens lernt ein Kind beim Verhandeln ganz nebenbei, sich eine eigene Meinung zu bilden und diese in Worte zu fassen.

Im Grunde wünschen sich Kinder strenge Eltern, das haben verschiedene Studien ergeben. Eltern sollen Autorität haben und ein brauchbares Vorbild abgeben. Trotzdem reicht den meisten Kindern ihr »Tortenstück« an Freiheiten nicht. Sie wollen mehr vom Kuchen haben und lehnen sich gegen die Vorgaben ihrer Eltern auf. Erinnern Sie deshalb immer wieder an die Aufteilung der Torte. Natürlich kann auch neu verhandelt werden: Die Tortenstücke 1 und 3 können mit Ihrem Kind wachsen – mit seiner Erfahrung, Reife und Selbstständigkeit.

Basis-Arbeit für ein gutes Familienklima

Hier einige Anregungen, wie Sie diese Basis noch stärken können:

- **ELTERN MÜSSEN NICHT PERFEKT SEIN,** sollten aber ihren Erziehungsstil ab und zu selbstkritisch hinterfragen. Gehen Sie bewusst auf Abstand zu sich selbst, überprüfen Sie: Wie gehe ich im Alltag mit meinem Kind um? Reagiere ich mit Verständnis auf seine Macken und Fehler? Gebe ich ihm manchmal das Gefühl, mich zu enttäuschen, meinen Maßstäben nicht zu entsprechen? Oder neige ich dazu, zu Hause Dampf abzulassen, wenn ich, etwa im Beruf, unter Druck stehe? Unterhalten Sie sich mit Freunden, die Ihre Familie kennen, über Ihren Erziehungsstil, denn ein Außenstehender kann manches klarer erkennen.
- **VERSUCHEN SIE NACHZUFÜHLEN,** was sich in Ihrem Kind abspielt. Dabei können eigene Kindheitserinnerungen helfen: Was habe ich als Kind empfunden?
- **GESTEHEN SIE IHREM KIND AUCH FEHLER ZU,** denn keiner muss perfekt sein und den Vorstellungen seiner Eltern von A bis Z entsprechen.
- **MACHEN SIE IHR KIND NICHT NIEDER,** etwa in Auseinandersetzungen, und stellen Sie es niemals vor anderen bloß.
- **MACHEN SIE SICH NICHT LUSTIG** über Ihr Kind, qualifizieren Sie es zum Beispiel nicht ab als Zwerg, der keine Ahnung hat.
- **SPRECHEN SIE MIT IHREM KIND** über Ihre Empfindungen und Gedanken, damit es sich vielleicht manches zum Vorbild nehmen kann.
- **SEIEN SIE ZUVERLÄSSIG LIEBEVOLL!** Bemühen Sie sich auch in Konfliktsituationen um den richtigen Ton. Signalisieren Sie klare Grenzen: »Hier ist Schluss. So kannst du nicht weitermachen.« Aber was Ihr Kind auch anstellt – lassen Sie es spüren: »Ich habe dich immer lieb!«

Lernen Sie von Ihrem Kind!

Zu Achtung und Respekt vor Kindern zählt auch, dass Erwachsene zugeben können, ihrem Nachwuchs nicht in allen Lebensbereichen und immer haushoch überlegen zu sein, alles besser zu wissen oder in allem kompetenter zu sein. Auch die Großen können von den Fähigkeiten der Kleinen profitieren – und zwar gar nicht so selten. In einigen wichtigen Bereichen können sich die Erwachsenen von den Kindern »eine Scheibe abschneiden«, zum Beispiel in diesen:

Kinder sind kreativ. Geben Sie einem Steppke Papier und Schere in die Hand, und er fabriziert unglaubliche Dinge daraus – richtig zum Staunen. Wer sich davon anstecken lässt und mitwerkelt, kann seinen eigenen Ideenreichtum wiederentdecken.

Kinder sind fantasievoll. Sie können sich mühelos in Gedanken aus der Wirklichkeit »beamen« und in Märchenwelten abtauchen. Mit ein paar Buntstiften erfinden sie auf einem Blatt Papier die Welt neu. Wer sich auf ihre Fantasie und ihre Träume einlässt, der entdeckt wieder, wie viel Spaß es machen kann, die Vernunft mal aus dem Spiel zu lassen.

Kinder haben Zeit. Sie leben im Hier und Jetzt, sie genießen den Moment und zeigen ihren Eltern, dass der scheinbar unvermeidliche Zeitdruck oft selbst gemacht und überflüssig ist.

Kinder sind übermütig. Verspielt. Verträumt. Verschmust. Es könnte sich für viele Erwachsene lohnen, den Reiz dieser Fähigkeiten auch für sich selbst wieder neu zu entdecken.

Kind und Eltern – eine **Partnerschaft** mit unterschiedlich verteilten **Rechten**, **Pflichten** und Aufgaben.

ACHTUNG BERUHT AUF GEGENSEITIGKEIT

Im Alltag fällt es oft schwer, dem Anspruch eines Kindes an Achtung, Freiheit und Selbstbestimmung gerecht zu werden. Eltern sind ab und zu einfach überfordert, am Ende ihrer Nerven und Kräfte. Zur Überlastung kann noch hinzukommen, dass Mutter oder Vater allgemein zu sehr emotionalen Reaktionen neigen. Oder dass sie glauben, auf die Einwände ihres Kindes einzugehen untergrabe ihre Autorität.

Ein Beispiel: **DER TAG IST NICHT GUT GELAUFEN.** Schwüles, drückendes Wetter. Ärger im Beruf, jede Menge Arbeit zu Hause – und ein Söhnchen, das partout nicht so will wie seine Eltern: Der Kleine will seine Hausaufgaben nicht wie verabredet am Nachmittag erledigen, sondern auf den Abend verschieben. Darauf folgt Krach, Gebrüll und die niedermachende Feststellung seitens des Elternteils: »Von dir war ja nichts anderes zu erwarten!«

Ein denkender, fühlender, zunehmend selbstständiger kleiner Mensch mag sich **NICHT DAUERND HERUMKOMMANDIEREN**, gängeln oder gar anschreien lassen. Irgendwann wird ihm vermutlich der Kragen platzen. Lassen Sie keine Ausreden vor sich selbst zu – etwa dass Ihnen für die partnerschaftliche Auseinandersetzung mit Ihrem Kind Zeit oder Ruhe fehlten. Beides ist nötig für ein bereicherndes Miteinander und macht Ihren Alltag auf lange Sicht entspannter und harmonischer.

Wenn Ihnen bewusst wird, dass Sie sich im Umgang mit Ihrem Kind »vergaloppiert« haben, dann sollten Sie ihm sagen, dass Sie einen Fehler gemacht haben. **ENTSCHULDIGEN SIE SICH KURZ** und bündig, ohne ausführliche Erklärungen oder langen Vortrag. Entschuldigungen untergraben nicht die elterliche Autorität: Wer sich entschuldigen kann, zeigt damit, dass er sein Kind ernst nimmt und achtet – und gibt für sein Kind ein gutes Vorbild ab. Davon profitieren beide!

Warum kann es so fatal sein, den Willen eines Kindes nicht wahrzunehmen, Auseinandersetzungen bei Meinungsverschiedenheiten immer durch **ALLZU AUTORITÄRES AUFTRETEN** zu umgehen oder sich lustig über das Verhalten, das Unwissen, die Fehler des Kindes zu machen? Weil ein Kind dann ein falsches Bild von sich und seiner Umwelt erhält. Es lernt und verinnerlicht: »Die anderen wissen sowieso immer besser, wo es langgeht. Meine Meinung zählt nicht, sie ist für die anderen ziemlich unwichtig in diesem Spiel.«

Eine mögliche Folge dieser Feststellung: **DIE KINDER WERDEN UNSICHER.** Sie trauen sich in allen möglichen Lebenssituationen nicht mehr, die Initiative zu ergreifen, und neigen dazu, anderen die Verantwortung zu überlassen. Sie verlieren die Lust, die Kraft, die Traute, sich durchzusetzen und ihre Träume und Pläne zu verwirklichen. Sie resignieren. Passen sich an. Sagen keinen Mucks mehr und lassen alles mit sich machen. Andere Kinder wiederum, häufig die besonders willensstarken und temperamentvollen, drehen erst recht auf, motzen, provozieren, wollen mit dem Kopf durch die Wand und werden richtig rebellisch. Beiden Reaktionen ist eines gemeinsam: Sie sind keine gute Grundlage für ein selbstbestimmtes Leben im Einklang mit sich selbst und der Umwelt.

In Kindern von vornherein **NERVTÖTENDE MONSTER** zu sehen stellt eine Art sich selbst erfüllende Prophezeiung dar: Je argwöhnischer die Einstellung der Erwachsenen gegenüber dem Kind ist, umso schwieriger wird es, eine gute Beziehung zu ihm aufzubauen und miteinander klarzukommen. Ein unseliger Kreislauf aus Misstrauen und Aggressivität nimmt seinen Lauf. Versuchen Sie unvoreingenommener auf Ihr Kind zuzugehen und in ihm einen Partner zu sehen: »Wir haben im Grunde doch die gleichen Ziele im Sinn. Unser Zusammenleben soll Freude machen und sich gewinnbringend für alle gestalten!«

Die dritte Regel: Klare Strukturen und Orientierungspunkte schaffen

Wenn Ihr Kind selbstständiger wird und sich daranmacht, die Welt zu erobern, die weit und unbegrenzt vor ihm liegt, riesengroß und verführerisch, dann braucht es eine Richtschnur, um seinen Weg zu finden – eine innere Landkarte, die ihm sagt, wo es langgeht. Für einen Anfänger, der bislang kaum Lebenserfahrungen sammeln konnte, ist alles aufregendes Neuland: Jeder Schritt ins Leben fordert ihn heraus – eine Mutprobe, erst recht in unserer schnelllebigen, unverbindlichen, chaotischen Zeit, da sich alles rasant verändert und den Menschen viel Flexibilität abverlangt wird.

Wer sich auf seiner Abenteuerreise an Werte und Regeln halten kann, wer seine Grenzen kennt, wird mit dieser Herausforderung eher fertig. Je klarer das System, je eindeutiger die Spielregeln, die er im Sinn hat, umso leichter fällt es, das eigene Verhalten danach auszurichten. An diesem Leitfaden kann man sich festhalten. Er weist den Weg und schafft ein Gefühl von Sicherheit. Wer sich sicher fühlt, kann auf dieser guten Basis Selbstsicherheit entwickeln.

Ein Grundbedürfnis: die Sehnsucht nach Überschaubarkeit

Ein kleines Kind hat keine Vorstellung davon, warum es dieses tun und jenes lassen soll, sondern muss erst durch Erfahrung lernen, welches Verhalten sich als gut oder schlecht erweist. Seine Familie ist der ideale Schauplatz für ein erstes Verhaltenstraining.

Fehlen dagegen klare Strukturen, mangelt es an einem stabilen Fundament in seinem Leben, ist ein Kind schnell überfordert, fühlt sich auf schwankendem Boden und gerät leicht ins Trudeln:

- → **DIE QUAL DER WAHL:** Ein Dreijähriges steht ratlos vor seinem Spielzeugregal. Mit dem Teddy spielen oder lieber mit dem Ball? Die Autos aus der Kiste holen oder Bilderbücher anschauen? Wie soll man sich hier entscheiden? Überfordert von den vielen Möglichkeiten, schaut der Dreikäsehoch seine Mutter Hilfe suchend an.
- → **DER VERLOREN GEGANGENE RHYTHMUS:** Ein Vierjähriges macht mit der Familie Ferien. Am Urlaubsort ist alles neu und ungewohnt. Ein Ferientag verläuft völlig anders als der Alltag zu Hause: kein eindeutiger Tagesrhythmus mehr, an den man sich halten kann. Zuerst verunsichern es die vielen Veränderungen. Genervt weiß es nicht, was es tun soll, und sucht nach Unterstützung.
- → **VON DER FREIHEIT ÜBERFORDERT:** Ein Fünfjähriges weiß mit dem Sonntag nichts anzufangen. Mutter will seine beste Freundin sein, Vater sein guter Kumpel – mehr Anregungen bieten sie nicht. Beide Eltern überlassen ihrem Sprössling die Initiative: »Du kannst bestimmen, was wir machen!« Das Kind reagiert ratlos: »Was soll ich tun?«
- → **INNERE UNRUHE:** Ein Siebenjähriges hat nach der Schule täglich ein anderes Ziel. Heute ist es nachmittags bei der Nachbarin, morgen bei einer Freundin der Familie, übermorgen bei der Großmutter untergebracht. Das Kind leidet unter der Unverbindlichkeit und dem dauernden Hin und Her, ist unkonzentriert und unruhig.

Ihr Kind braucht nicht nur viel **Freiraum**,
sondern auch **Strukturen** –
Fixpunkte, die ihm helfen,
sich im Leben zu **orientieren**.

Warum braucht Ihr Kind Werte und Normen?

Eltern sollten ihrem Kind von Anfang an ohne Zwang oder Moralisieren ihre Überzeugungen und Wertvorstellungen mitgeben. Ideale, die unser Leben sinnvoll machen und ihm ein stabiles Fundament geben. Dieser Anspruch macht vielen Eltern erheblich zu schaffen: Wie sollen sie ihrem Nachwuchs klarmachen, was die Würde eines Menschen, was Freiheit, Gerechtigkeit, Bescheidenheit ist? Wie können sie dafür sorgen, dass die Werte, die ihnen selbst viel bedeuten, von ihrem Kind als Richtschnur angenommen werden? Und welche Werte sind eigentlich wesentlich?

WERTE SCHAFFEN KLARHEIT

Um unsere Werte in der Realität umsetzen zu können, brauchen wir vor allem Klugheit, Gelassenheit, Willensstärke und Einfühlungsvermögen. Genau diese Fähigkeiten liegen bei vielen brach, denn häufig sind den Erwachsenen im eigenen Leben Klarheit, Überschaubarkeit und eindeutige Werte längst abhanden gekommen. Der Sinn des Lebens? Eine wichtige Frage, aber manchem fehlt einfach die Lust, die Kraft, sich darum zu kümmern – in Zeiten, die durch handfeste Existenzsorgen geprägt sind. Deshalb ist es so schwierig geworden, dem Nachwuchs ein Raster vorzugeben, in dem sich sein Leben abspielt.

In früheren Zeiten war das Dasein dagegen wesentlich durch Werte und Regeln bestimmt – eine eindeutige, aber auch ziemlich zwanghafte, unbequeme Angelegenheit. »Man darf dieses nicht und jenes nicht tun!« hieß es. Oder: »Man muss das unbedingt tun!« Natürlich gibt es auch in unseren Zeiten noch viele »man«-Regeln, die für ein Kind verbindlich sind, etwa: »Man haut, beißt, kratzt und tritt andere nicht, denn das tut weh!« – »Man ärgert die Katze nicht! Sie ist kein Spielzeug, sondern ein Lebewesen!«

Andere Leitsätze jedoch haben sich, bedingt durch tief greifende gesellschaftliche Veränderungen, inzwischen gewandelt und ihre Allgemeingültigkeit verloren. Eltern müssen heute weitgehend selbst bestimmen, was in ihrer Familie gelten soll, und sich fragen: »Welche Benimmregeln sind für uns verbindlich, welche nicht mehr?« Soll in der Familie zum Beispiel Rücksichtnahme eine wichtige Regel sein, oder ist Durchsetzungsvermögen heute wichtiger? Sind die Regeln der Kirche noch ein Thema, oder werden sie ad acta gelegt? Sind die traditionellen Werte wie Pflichtbewusstsein und Disziplin immer noch wesentlich oder eher die moderneren – wie Eigenverantwortung und Selbstbestimmung?

Wer die Werteerziehung ernst nimmt, wer sein Kind mit den gesellschaftlichen Spielregeln vertraut machen will, braucht eine eindeutige Meinung, eine klare Überzeugung. Mütter und Väter müssen in der Lage sein, hier Prioritäten zu setzen, Entscheidungen kritisch zu hinterfragen – bei sich und bei anderen. Bei dieser Auseinandersetzung geht es nicht um Ideale oder abstrakte Moralvorstellungen, sondern um die Wirklichkeit: das ganz alltägliche Leben mit Kindern. Eltern wachsen an der Aufgabe, sich stabile Überzeugungen zu bilden – und sie wissen, dass klare Strukturen, ein eindeutiges Wertesystem, stabile Grundsätze ihrem Kind Sicherheit vermitteln.

Wenn es über stabile **Grundsätze** und **Verhaltensregeln** verfügt, läuft ein Kind **nicht** so schnell in die Irre und kann in **kritischen** Momenten **Entscheidungen** treffen.

Grenzen als Richtlinien

Mütter und Väter geben nicht nur Werte vor und verabreden Verhaltensnormen, sondern beschreiben zusätzlich Grenzen, damit ihr Nachwuchs in bestimmten Situationen genau weiß, wie weit er gehen kann. Dann heißt es zum Beispiel: »Bei uns wird auf Manieren geachtet. Schmatzen und Schlürfen sind tabu!« – »Nahrungsmittel sind wertvoll. Deshalb wird bei uns nicht damit gespielt.« – »Die Zähne müssen regelmäßig gründlich geputzt werden, sonst gehen sie kaputt. In dieser Sache gibt es keine Ausnahmen!«

Wenn Ihr Kind verabredete Grenzen missachtet, signalisieren Sie ihm eindeutig: »Bis hierhin und nicht weiter!« Natürlich reizen Grenzen dazu, sie zu überschreiten, auszuprobieren, wie weit man gehen kann. Hierin unterscheiden sich Kleine und Große kaum, denn kaum jemand lässt sich gern etwas vorschreiben.

Zwei Beispiele für typische »Grenzsituationen«: Eine Neunjährige reagiert gereizt, wenn ihr Vater verlangt: »Heute wird vor dem Fernsehen das Kinderzimmer picobello aufgeräumt, damit Mama nicht alles allein machen muss!« Ein Zehnjähriger wird sauer, wenn seine Mutter »Schluss jetzt mit der Computerspielerei!« sagt und möchte, dass zuerst das Kaninchen gefüttert und der Käfig sauber gemacht wird.

Es geht aber nicht darum, ein starres Regelwerk aufzustellen, an das sich Ihr Kind stur halten muss. Viel wichtiger ist, es zur Einsicht zu bringen, dass ein gutes soziales Verhalten sein Leben erleichtert und bereichert, da es seine Welt berechenbarer macht.

RITUALE UND WIEDERHOLUNGEN GEBEN SICHERHEIT

In Familie A ist der Alltag weitgehend strukturiert. Das Leben zu Hause verläuft in geordneten Bahnen: Morgens herrscht die übliche Hektik, denn die Eltern müssen ins Büro, aber das kennt die vierjährige Tochter längst. Sie weiß, dass sie bald im Kindergarten abgeliefert und am frühen Nachmittag von ihrem Papa wieder abgeholt wird. Dann gehen die beiden einkaufen, schauen auf dem Spielplatz vorbei. Zu Hause wird später gemeinsam gegessen. Danach noch ein bisschen Spielen, Fernsehen. Dann ab ins Bett, eine Gute-Nacht-Geschichte samt Unterhaltung über das, was wichtig war am vergangenen Tag – so ziemlich immer das Gleiche. Für das quirlige Mädchen genau das Richtige, denn so kommt Ruhe und Überschaubarkeit in sein Leben. Zu langweilig? Nicht für diese Vierjährige, denn das Gleichmaß trägt dazu bei, dass sie sich gut aufgehoben und sicher fühlt.

In Familie B werden Rituale gepflegt. So frühstücken zum Beispiel am Sonntagmorgen alle zusammen. Die zehnjährige Tochter erntet Erstaunen, wenn sie in ihrem Freundeskreis davon erzählt. Hart, aber Gewöhnungssache, verteidigt sie ihre Familie dann. Inzwischen weiß sie dieses Ritual zu schätzen, denn beim Frühstück wird ausgiebig über Gott und die Welt geredet, da jetzt endlich mal alle Zeit haben.

Um sich gut **zurechtzufinden**, braucht Ihr Kind eine **Struktur** in seinem Leben – ein Raster, in das es seine **Erfahrungen** und **Eindrücke** einordnen kann.

Wie geben Sie Werte und Normen weiter?

Sprechen Sie in der Familie immer wieder darüber, welche Verabredungen Sinn machen, und setzen Sie sich gemeinsam mit Fragen auseinander wie zum Beispiel: Müssen die Regeln die Bedürfnisse aller berücksichtigen? Kann in bestimmten Situationen auch der Verzicht auf Selbstverwirklichung sinnvoll sein?

Ein Kind braucht Erwachsene um sich, die klare Überzeugungen haben, die sie begründen können und die ihnen die Sicherheit verleihen, an manchen Punkten zu sagen: »Das beschließen wir jetzt so und nicht anders, weil ich weiß, dass diese Entscheidung einfach richtig ist!« Natürlich sieht ein Kind das häufig ganz anders. Legt Widerspruch ein. Reibt sich an der klaren Meinung seiner Eltern.

Bleiben Sie bei Ihrem Standpunkt, und fordern Sie Ihren Nachwuchs damit heraus! Ihr Kind sammelt seine Kräfte, um gegen den Widerstand anzukommen. Dabei entwickelt es Kreativität und Erfindungsgeist, um die Mauer zum Einsturz zu bringen – ein wichtiger Erfahrungs- und Lernprozess. Das Kind lernt dabei aber auch, dass es mit seinem eigenen Willen nicht immer ans Ziel kommt, sondern manchmal einfach zurückstecken muss.

»ICH WILL ABER…!«

Je älter ein Kind wird, desto energischer pocht es auf sein Mitbestimmungsrecht. Was Eltern vorgeben, steht immer öfter auf dem Prüfstand – ein Zeichen von Ablösung. Lassen Sie Ihren Nachwuchs mitbestimmen. Handeln Sie aus, welche Regeln und Werte in der eigenen Familie gelten sollen. Überprüfen Sie immer wieder Ihre Vorgaben und passen Sie diese dem jeweiligen Entwicklungsstand Ihres Kindes an. Dieses vertrauensvolle, gemeinschaftliche Aushandeln zu trainieren wird für Sie und Ihr Kind auch später noch von Nutzen sein, etwa wenn Ihr Kind in die Pubertät kommt und mit zuweilen drastischen Mitteln versucht, den elterlichen Einfluss auf sein Leben mehr und mehr einzuschränken.

EINE ALLTÄGLICHE ANGELEGENHEIT

Um Ihrem Kind Werte zu vermitteln, müssen Sie sich nicht immer extra Zeit nehmen – im Alltag bieten sich zahlreiche Anlässe und Gelegenheiten. Themen, die zum Nachdenken über Gott und die Welt, zu genauem Hinschauen, Beobachten und Hinterfragen auffordern, gibt es in Hülle und Fülle. Oft tun sich Eltern auch leichter damit, in ganz normalen Alltagssituationen mit ihrem Kind ins Gespräch zu kommen und ihm Denkanstöße zu geben als in langen Vorträgen und Erklärungen. Im Folgenden finden Sie einige Beispiele. Vielleicht kommt Ihnen ja manches davon bekannt vor …

- **AUF DEM SPIELPLATZ** ermahnen Sie Ihren Dreijährigen: »Die Schippe gehört dir nicht, sondern deinem Sandkastenfreund. Wenn du damit spielen möchtest, musst du ihn erst um Erlaubnis fragen, denn du willst ja auch nicht, dass sich dein Kumpel dein Spielzeug einfach grabscht!« Auch ein Kleinkind kann sich bereits in die Lage eines anderen versetzen und ein solches Argument verstehen!
- **NACH DEM BESUCH DER OMA** bekommt die Vierjährige zu hören: »Du freust dich über das Bilderbuch, das dir die Oma geschenkt hat. Deshalb zeig ihr bitte, dass du froh über das Buch bist, dann kann sie sich mitfreuen!« Daran schließt sich ein Gespräch an über das Dankesagen: Muss es sein oder nicht? Was bewirkt es?
- **IM FERNSEHEN** hat Ihr Sechsjähriger einen Bericht über eine Naturkatastrophe gesehen, von der viele Menschen betroffen sind. Sie erzählen ihm, etwa während einer gemeinsamen Autofahrt, von der Arbeit der Hilfsorganisationen.
- **AN EINEM VERREGNETEN DEZEMBERSONNTAG** wird in der Familie für den Schulbasar gebastelt – der Erlös aus dem Verkauf soll der Anschaffung neuer Sportgeräte zugute kommen. Wer sich drücken will, wird in die Pflicht genommen. Gemeinsam wird beim Basteln darüber diskutiert, welchen Sinn der Basar hat.
- **IM LOKAL** wird ein Siebenjähriger ermahnt: »Wenn du nicht magst, dass dir andere die Tür vor den Kopf knallen oder auf die Füße treten oder unfreundlich zu dir sind, dann bemühe dich auch selbst um Rücksichtnahme. Nur wenn sich alle einigermaßen gut zu benehmen wissen, bleibt die Stimmung gut!«

- **BEIM EINKAUFEN** im Supermarkt drängelt sich eine Frau richtig unverschämt zur Kasse vor. Sagen Sie Ihrem Kind ruhig, dass Sie das nicht gut finden: »Wir haben es auch eilig! Aber wenn jeder hier nur an sich denken würde, gäbe es ein großes Gedrängel!«
- **BEIM AUTOFAHREN** erklären Sie Ihrem Kind, warum bestimmte Regeln sein müssen: »Auf dem Zebrastreifen haben die Fußgänger das Vorrecht. Deshalb muss ich als Autofahrer geduldig warten, bis sie die Straße überquert haben. Wer keine Rücksicht auf die Fußgänger nimmt, bringt sie in Gefahr und sich selbst in Schwierigkeiten!«
- **IM KINDERGOTTESDIENST** wird über Werte und Umgangsregeln gesprochen – genug Stoff zum Nachdenken über Gott und die Welt!
- **BEIM MÄRCHENVORLESEN** dreht sich die Handlung um den bösen Wolf und das gute Rotkäppchen. Sicher hat Ihr Kind Fragen dazu. Diskutieren Sie mit ihm über das Gehörte! Märchen eignen sich hier besonders, denn anhand der »Schwarzweißmalerei« darin kann sich ein Kind orientieren und sich eine Meinung bilden: Das ist richtig und das falsch. Oder Sie sprechen mit ihm über Filme, über Fernsehsendungen. Das Bild, das sich ein Kind von der Welt macht, wird dadurch immer klarer und differenzierter.
- **IHRE NACHBARIN HAT EIN GEBROCHENES BEIN** und kann eine Weile nicht einkaufen gehen. Sie übernehmen die nötigsten Erledigungen für sie. Als Sie einmal nicht wegkönnen, bitten Sie Ihr Kind, heute den kleinen Einkauf zu erledigen – auch wenn es dafür nicht unbedingt eine Belohnung gibt.

Wissbegierde, Interesse und **Verständnis regen** Ihr Kind dazu **an**,
sich mit der **Frage** zu beschäftigen:
Was macht eigentlich **Sinn** in meinem Leben?

WERTE UND REGELN VERMITTELN – EIN LEBENDIGER AUSTAUSCH

- **SEIEN SIE BEI DER SACHE,** wenn Sie mit Ihrem Kind sprechen – nicht nur halbherzig dabei, mit den Gedanken woanders –, sonst werden Sie kaum Gehör finden.
- **HÖREN SIE GEDULDIG UND AUFMERKSAM ZU,** wenn Ihr Kind sich am Gespräch beteiligt und seine Meinung sagt.
- **STELLEN SIE NUR KLARE, ERFÜLLBARE FORDERUNGEN** und drücken Sie sich präzise aus. Kinder wollen wissen, was von ihnen erwartet wird.
- **FORMULIEREN SIE ABMACHUNGEN POSITIV.** Vereinbaren Sie also nicht, was in Zukunft nicht mehr sein darf, sondern was man tun beziehungsweise anders machen möchte.
- **NEHMEN SIE IHRE FUNKTION ALS VORBILD WAHR.** Sie geben Ihre Vorstellungen von Werten und gesellschaftlichen Regeln an Ihr Kind weiter, leben vor, was zu tun und zu lassen ist. Weil ein Kind Verhaltensmuster vor allem durch Imitation und Experimentieren lernt, beobachtet es die Menschen in seinem Umfeld intensiv, sucht nach Vorbildern und findet sie zuerst vor allem in seinen Eltern. Ihr Verhalten wird verinnerlicht: Das Kind will vielleicht so gut malen können wie die Mama und beginnt zu üben, angeregt durch ihr Modell. Oder es möchte so aufgeschlossen sein wie der Papa, der sich mit den unterschiedlichsten Menschen gut versteht. Mithilfe Ihres Vorbildes entdeckt Ihr Kind seine Individualität, bestimmt es seine Lebensziele. Experten behaupten, die Orientierung am Vorbild sei die wesentlichste aller Lernmethoden. Je vertrauensvoller die Eltern-Kind-Beziehung, desto eher und intensiver orientiert sich ein Kind an Mutter und Vater (siehe auch Seite 24).

Lernen findet nicht nur innerhalb der Familie statt

So wichtig das elterliche Vorbild ist: Längst nicht alle Gedanken und Gefühle eines Kindes sind von Mama und Papa geprägt. Ihr Einfluss ist zwar groß, keine Frage, aber auch andere vermitteln Ihrem Kind Wertvorstellungen. So spielt die engagierte Erzieherin im Kindergarten sicher eine sehr große Rolle. Ebenso der erste Sandkastenfreund. Später die Lehrer, die Schulfreunde und auch deren Eltern. Besonders während der Pubertät ist die Freundesclique wichtig. Indem es seinen Radius erweitert, lernt ein Kind die familiären Verhaltensmuster und Wertvorstellungen zu relativieren und auf den Prüfstand zu stellen.

Zuerst kann Ihr Kind sein soziales Verhalten am besten in der Familie üben. Dann kommt der Kindergarten dazu, die Schule, der Verein … Sie begleiten, unterstützen, leben mit – immer den jeweiligen Bedingungen entsprechend: Manchmal müssen Sie korrigierend eingreifen, neue Anregungen bieten, neue Regeln und Grenzen verabreden, immer dem Alter Ihres Kindes entsprechend. Ein Wechselspiel aus Loslassen und Eingreifen!

Wenn die Beziehung zwischen Eltern und Kind allen Ablösungsturbulenzen zum Trotz grundsätzlich stimmt, sind Sie für Ihren Sohn oder für Ihre Tochter jahrelang eine wichtige Vertrauensperson, die Orientierungspunkte vermittelt. Die mit ihm die Spielregeln aushandelt. Die ein Wertesystem vorgibt. Sicher ist es nicht immer einfach für Sie, diesen vielfältigen Aufgaben gerecht zu werden. Sie müssen jahrelang einen erheblichen Kraftakt bewältigen, der Sie stark fordert: Ihr Kind vertraut machen mit dem Wertesystem, auf dem Ihr Familienleben basiert. Möglichst gleich bleibend, geradlinig, unabhängig vom jeweiligen Zeitgeist bei Ihrer Linie bleiben, damit Ihr Kind dank eindeutiger Familienrituale und -regeln immer weiß, woran es ist und an wen es sich im Zweifel wenden kann.

Was Sie noch tun können

Weitere Anregungen, wie Eltern ihren Kindern mit klaren Strukturen helfen können, sich in der Welt besser zurechtzufinden:

- **FRAGEN SIE IHR KIND,** was ihm am Herzen liegt. Wer sich mit Kindern unterhält, erfährt nicht selten, dass sie eigentlich ganz einverstanden damit sind, wenn zu Hause einigermaßen strenge Sitten herrschen – ein Ruhepol in einer unübersichtlichen Welt.
- **UNRUHIGE, ZAPPELIGE KINDER,** die ihr Verhalten nicht im Griff haben, sind heute keine Seltenheit. Sie brauchen nicht nur klare Grenzen besonders dringlich, sondern auch Strukturen, die ihnen Sicherheit vermitteln, etwa: immer denselben Sitzplatz am Esstisch, Mahlzeiten zu festen Zeiten, den regelmäßigen halbstündigen Mittagsschlaf nach dem Essen, immer den gleichen Zahnputzbecher und zum Einschlafen immer ein ganz bestimmtes Lied.
- **DER WUNSCH NACH STRUKTUR** ist übrigens auch der Grund dafür, dass jüngere Kinder Wiederholungen so lieben. Beim Geschichtenerzählen zeigt sich das, ebenso beim Singen und Spielen: Je vertrauter ein Ritual dank häufiger Wiederholung ist, umso mehr Sicherheit vermittelt es dem Kind – denn was man genau kennt, kann man auch einordnen. Das kommt dem Bedürfnis eines jüngeren Kindes nach Überschaubarkeit rundum entgegen.
- **GÖNNEN SIE IHREM KIND RUHEPAUSEN.** Als Gegenpol zu den vielen verschiedenen Eindrücken, die täglich auf uns einströmen, sollten Sie ab und zu innehalten, Ihrem Kind Zeit geben, alle neuen Erfahrungen zu verarbeiten, zu speichern. Intensive Eindrücke und Gefühle müssen vom Gehirn sortiert werden: Angenehm? Unangenehm? Was fange ich mit den gesammelten Erfahrungen an? Kinder, die nicht von selbst abschalten können, sollten mit einem ruhigen Gespräch oder einem kleinen Ritual daran erinnert werden, wie wichtig solche Pausen sind.

- **WERDEN SIE IN KRISENMOMENTEN RUHIG** statt laut. Wenn sich Ihr Kind beispielsweise nicht an getroffene Abmachungen hält, berühren Sie es und schauen es an, sprechen Sie ruhig und nachdrücklich, aber ohne Gereiztheit in der Stimme mit ihm. Das gibt ihm Sicherheit und macht ihm bewusst, dass es einen Fehler gemacht hat – aber trotzdem noch geliebt wird. Auf diese Weise ersparen Sie es sich selbst und Ihrem Kind, dass es gleich in die Verteidigungshaltung geht und trotzig wird.
- **BLEIBEN SIE KONSEQUENT.** Wenn Sie auf der Bewahrung und Berücksichtigung einer Grenze, einer Regel, einer Wertvorstellung bestehen, sollten Sie kurz erklären, warum dies Sinn macht. Achten Sie danach konsequent darauf, dass Ihre Vorgaben respektiert werden. Sind Sie doch einmal »weich geworden«, gestehen Sie auch vor Ihrem Kind Ihre Inkonsequenz ein, korrigieren Ihren Fehler und kehren wieder zur alten Linie zurück – oder ändern Sie die Vorgabe in einem gemeinsamen Gespräch, wenn die Entwicklung Ihres Kindes es erfordert.
- **SEIEN SIE NICHT ZU SEHR AUF PERFEKTION BEDACHT.** Bei zu viel Überschaubarkeit und Ordnung, zu vielen Regeln, Vorgaben, Abmachungen kann leicht die Lebensfreude auf der Strecke bleiben. Jede Familie braucht neben klaren Strukturen, nachvollziehbaren Regeln und stabilen Werten auch ein große Portion fröhliches Chaos, in dem die Fantasie eines Kindes, sein Erfindungsgeist, seine Freude an Improvisation wachsen und gedeihen kann. Und: Wenn nur so viele Regelmäßigkeiten wie wirklich nötig den Alltag Ihrer Familie bestimmen, ist die Chance viel größer, dass alle Familienmitglieder sie ernst nehmen.

Gerade weil sie ihr Kind **lieben**, helfen Eltern ihm zu lernen, dass **Werte und Absprachen** das soziale **Miteinander** erleichtern.

Lernen Sie von Ihrem Kind!

Erwachsene sind nicht automatisch in allen Dingen die Überlegenen. So ist es auch ein Irrtum zu glauben, dass die Moralerziehung, das Aushandeln von Verhaltensregeln, das Grenzensetzen nur von ihnen ausgehen könne und dürfe. Auch Kinder haben hier etwas beizusteuern, sogar eine ganze Menge, und oft geben sie nicht das schlechteste Vorbild ab. Für Kinder ist es eine gute Erfahrung, wenn die Erwachsenen zu würdigen wissen, dass die Großen sich von den Kleinen einiges abschauen können!

Was Eltern zum Beispiel von ihren Kindern lernen können:

- **MITGEFÜHL:** In der Stadt bittet Ihre Vierjährige Sie um ein paar Cent. Ganz klar für die Kleine, dass sie dem Mann, der an der Straßenbahnhaltestelle sitzt und bettelt, einige Münzen in den Hut legen will – schließlich will er auch essen!
- **GERECHTIGKEITSGEFÜHL:** Sie schummeln sich mit Ihrem Sohn an einer Warteschlange vorbei – obwohl Sie ihm immer sagen, dass man Geduld haben soll, bis man an der Reihe ist. Betont unauffällig stellen Sie das an! Keine Chance: Ihr Kind bekommt es trotzdem sofort spitz und stellt Sie zur Rede.
- **EINHALTEN VON REGELN:** Sie rennen noch ganz schnell bei Rot über die Straße (»Einmal geht das schon!«). Anschließend hören Sie von Ihrer achtjährigen Tochter einen Vortrag über richtiges Verkehrsverhalten, Sicherheit – und womöglich auch noch über das Vorbild, das Sie doch eigentlich sein sollten …
- **GESUNDHEITSBEWUSSTES VERHALTEN:** Täglich steht bei Ihnen Gemüse und Salat auf dem Tisch – im Moment sind das nicht gerade die Lieblingsspeisen Ihres Sohnes. Trotzdem soll er davon essen, denn Vitamine sind gesund und wichtig. Kein Wunder, dass er Ihnen sagt, dass Sie heute schon die achte Zigarette rauchen oder sich die fünfte Tasse Kaffee einschenken!

UNVERBINDLICHKEIT ODER KLARE STRUKTUREN?

Sind in einer Familie alle Themen Verhandlungssache, vermitteln die Eltern keine klaren Wertvorstellungen und kann ein Kind mit geschickt eingefädelten Deals fast immer ans Ziel seiner Wünsche kommen – auch wenn diese den Idealen der Eltern widersprechen –, dann entsteht Unverbindlichkeit. Es mangelt dem Familienleben an einer klaren Kontur. Eltern sollten das eigene Wertesystem prüfen und weitergeben, auf die Einhaltung der getroffenen Abmachungen achten, konsequent reagieren, wenn Regeln nicht eingehalten werden, und bei allem mit der Entwicklung des Kindes Schritt halten – längst nicht alle Mütter und Väter sind bereit oder jederzeit imstande, diesen Aufwand zu leisten. Das kann unterschiedliche Gründe haben:

- → **MANCHE ELTERN FÜRCHTEN, IHREN SPRÖSSLING EINZUENGEN.** Sie wollen seinen Spielraum nicht begrenzen, ihm nicht ihre eigenen Wertvorstellungen überstülpen und sagen: »Es muss doch weitgehend selbst herausfinden, wo sein Weg ist!« Selbstbestimmung ist ihr wichtigstes Erziehungsziel.
- → **ANDEREN IST HARMONIE WICHTIGER** als alles Übrige. Sie wollen sich mit ihrem Nachwuchs möglichst wenig auseinander setzen, bloß keinen Zank beginnen oder Diskussionen über bestimmte Themen austragen und das bisschen gemeinsame Zeit durch Streitereien belasten. Sie fürchten um die Gemütlichkeit und fragen sich: »Warum das Kind nicht einfach machen lassen?«
- → **NICHT SELTEN VERZICHTEN ELTERN** darauf, ihrem Kind **WERTE UND REGELN** vorzugeben, weil sie fürchten, es könne sie dann weniger lieben. Besonders schwierig wird es, wenn die Elternteile unterschiedlich konsequent sind. Damit verunsichern sie ihr Kind und geben ihm die Möglichkeit, sie gegeneinander auszuspielen.

→ **OFT SIND ELTERN SELBST VERUNSICHERT** und haben die klare Linie in ihrem Leben, die Übersichtlichkeit, den roten Faden verloren, etwa wenn sie sich in beruflichen Stresssituationen oder persönlichen Krisen befinden.

Mögliche Folgen einer zu unverbindlichen elterlichen Haltung: Dem Nachwuchs fällt es schwer, sich zu orientieren, Tritt zu fassen, Boden unter den Füßen zu gewinnen. In dem Chaos weiß das Kind nicht, wo's langgeht, und versucht ziemlich orientierungslos dennoch und auf eigene Faust seinen Weg zu finden. Oft sieht das so aus: Es macht auf sein Unglück aufmerksam, indem es über die Stränge schlägt. Provoziert. Sich verweigert. Alle Regeln und Wertvorstellungen über Bord wirft.

Nicht selten verhält sich ein Kind auffällig in der Hoffnung, dass die Erwachsenen endlich auf seine Hilferufe reagieren und ihm einen Weg aus seinem Dilemma weisen. Nicht selten hofft es jedoch umsonst, denn wenn es erst erhebliche Schwierigkeiten macht, schraubt sich die Spirale schnell hoch: Zu Hause wird nur noch geschimpft, das Chaos wächst. Der Dauerclinch bringt das Kind dazu, erst recht abzuschalten und nicht mehr mitzuspielen.

Wenn Sie Ihrem Kind genug Zuwendung und Interesse widmen, eine gute partnerschaftliche Beziehung zu ihm aufbauen, schaffen Sie beste Voraussetzungen, ihm klare Werte und eindeutige Regeln vermitteln zu können. Bleiben Sie bei der Sache, behalten Sie immer den Sinn der Regeln und Werte konstant im Blick, die Ihnen wichtig sind und die Sie weitergeben möchten.

Beobachten Sie, wie Ihr Kind mit Ihren Vorgaben umgeht – das ist mit Sicherheit keine einfache Übung für Eltern. Denken Sie aber immer daran, dass klare Strukturen Ihrem Kind letztlich dabei helfen, im Leben gut zurechtzukommen.

Erziehungsprobleme erfolgreich lösen

Jetzt kommt die Praxis: In diesem Kapitel finden Sie Frage-und-Antwort-Übungen. Testaufgaben, die Sie spielerisch lösen können. Rollenspiele, in die Sie gedanklich hineinschlüpfen dürfen. Dabei üben Sie, Konflikte zu entschärfen und Schwierigkeiten aus dem Weg zu räumen. Sie erfahren, wie Sie in Krisenmomenten den Überblick bewahren, statt mit Schimpfen zu reagieren und so die Konflikte erst recht anzuheizen oder sich in Machtkämpfe zu verstricken.

OHNE REIBEREIEN GEHT ES NICHT

REIBEREIEN SIND ALLTAG – Trainingseinheiten für jedes Kind, das Schritt für Schritt selbstständig werden will. Wenn es seine Muskeln spielen lässt, heißt die Botschaft an die Eltern: »Ich erprobe meine Kräfte. Mal sehen, wie weit ich mit meiner Energie komme!« Mit aller Macht will es seinen Willen und sein Können erproben und beschäftigt sich mit der spannenden Frage: »Wie reagieren meine Eltern, wenn ich zu weit gehe?«

Mütter und Väter lassen sich durch die Attacken ihres Kindes nicht selten verunsichern. In **KONFLIKTSITUATIONEN** fällt es gestressten Eltern schwer, das Richtige zu tun. Welche Verhaltensmuster sind angebracht? Welche erzieherischen Maßnahmen angemessen? Was wirkt nachhaltig? Was macht unserem aufmüpfigen Kind gehörig Eindruck und bringt es zum Nachdenken, zum Einlenken? Wie können wir sein soziales Verhalten positiv beeinflussen?

In diesem Kapitel finden Sie **ANTWORTEN** auf diese Fragen – kurze Geschichten von quicklebendigen Kindern, die ihre Eltern nach Strich und Faden herausfordern. Lauter typische Alltagsprobleme werden hier geschildert. Und jede Geschichte endet zunächst mit einem großen Fragezeichen. Dann finden Sie jeweils drei verschiedene Antworten auf jede Frage: Welche Antworten sind richtig? Welche falsch? Wie entscheiden Sie, wenn Sie die Geschichte in Gedanken nachspielen? Welche Lösung halten Sie für die richtige und warum?

Am Beispiel von **HUNDERT VERSCHIEDENEN GESCHICHTEN**, alle aus dem Leben mit Kindern gegriffenes Anschauungsmaterial, können Sie Ihren Erziehungsstil überprüfen und gegebenenfalls korrigieren. Auf den Seiten 126 bis 129 finden Sie zum schnellen Nachschlagen eine Lösungstabelle zu allen vorgestellten Situationen.

MORGEN-SORGEN

Morgens drängt die Zeit: Keine Gelegenheit für die verschiedenen Familienmitglieder, intensiv aufeinander einzugehen. Den Großen ist klar, dass jetzt vor allem Tempo angesagt ist, den Kleinen ist das allerdings weniger wichtig. Daraus ergeben sich erste Reibereien – typische Morgenkonflikte, die Sie gleich zu Beginn des Tages aus der Welt schaffen müssen.

»Schlecht gelaunt?«

Auf dem Weg ins Bad. Ein Blick in das Kindergesicht reicht, um zu wissen, dass der neue Tag nicht rosig beginnen wird. Die Dreijährige ist offensichtlich mit dem linken Fuß zuerst aufgestanden. Nichts ist ihr recht. Sie will nicht frühstücken. Sich nicht anziehen. Die Situation eskaliert. Lautes Plärren, lautes »Will nicht!«. Was tun?

1. So geht das nicht! Das Mädchen soll sich zusammenreißen! Sie halten es fest und werden laut, denn Lautstärke macht Eindruck: »Du hörst jetzt sofort auf mit dem Geschrei!«

2. Sie setzen das Mädchen wieder auf sein Bett und verlassen das Zimmer mit einem entschiedenen »Ich höre mir dein Gezeter nicht länger an. Wenn du fertig bist mit deinem Geschrei, sehen wir weiter!«.

3. Mit Kind unterm Arm verlassen Sie die Kampfarena, liefern den Quälgeist bei seinem Vater ab, mit dem Kommentar: »Ich bringe dir eine kleine Kratzbürste. Schau mal, wie sie ihre Krallen ausfährt. Richtig gefährlich!«

DIE LÖSUNG: Einen Unglückswurm laut anzuraunzen ist keine brauchbare Strategie. Dadurch wird alles nur schlimmer. Erwachsene sollten sich auch nie über ein Kind lustig machen und ihm mit Ironie kommen. Solche Späße verletzen! Humor ist zwar ein wunderbares Erziehungsmittel, darf aber nicht heißen: Ich degradiere ein Kind zu einer lächerlichen Figur. Eine glücklichere Möglichkeit: Sie grenzen sich mit einer Ich-Botschaft ab und gehen auf Abstand zu dem aufgeregten Geschehen.

»Ein Machtkampf?«

Ein kühler, verregneter Tag. Der Vierjährigen ist dennoch nach Sommerkleid zumute. Alle Hinweise ihrer Mutter auf Wind und Wetter fruchten nicht. Ein rotes Sommerkleid muss es heute sein. Die Kindermiene signalisiert: Bitte keine Einwände erheben, sonst beginnt ein Riesengeschrei. Was tun?

1. Sie sorgen für Entspannung und steuern einen Kompromiss an. Warum kein Sommerkleid im Winter, solange sich das Kind in geheizten Räumen aufhält? Wenn es allerdings nach draußen in die Kälte muss, ziehen Sie eine Grenze, weisen auf das Frieren und die Erkältungsgefahr hin und machen Ihrem Kind deutlich: »Du musst dich leider wieder umziehen, weil es draußen zu kalt für ein Sommerkleid ist!« Vom darauf folgenden Geschrei und schlechter Laune lassen Sie sich nicht beeindrucken.

2. Sommerkleid im Winter – die Idee ist so absurd, dass selbst eine Vierjährige kapieren muss, wie blödsinnig ihre Vorstellung ist und dass sie zu weit geht. Hier ist eindeutig Schluss mit der Selbstbestimmung. Und das heißt: »Im Winter werden Winterklamotten angezogen, basta!« Und wenn mit Gezeter auf diese Anordnung geantwortet wird, dann heißt es: Ab ins Kinderzimmer zum Abreagieren.

3. Sie stöhnen: »Der Tag fängt ja gut an. Ein Zwergenaufstand!« Weil Sie keine Lust auf frühmorgendliche Auseinandersetzungen haben, fügen Sie hinzu: »Mach, was du willst, aber lass mich in Ruhe!«

DIE LÖSUNG: Wer dauernd an Grenzen stößt, fühlt sich eingeengt, will sich mehr Freiraum verschaffen und setzt sich deshalb gern über Abmachungen hinweg. Wenn Eltern ihr Kind aus Bequemlichkeit tun lassen, was es will, veranlassen sie den Nachwuchs zur Wiederholung: »Mal gucken, wie weit ich jetzt mit meinem Theater komme.« Wer dagegen sparsam Grenzen setzt, kann eher damit rechnen, dass jede dieser Grenzen respektiert wird. Bieten Sie einen Kompromiss an, wo es leicht fällt, und ziehen nur dort klare Grenzen, wo es wirklich sein muss.

→ »Nun komm schon!«

Sie wollen mit Ihrem Kind in die Stadt gehen. Wo ist der Schirm? Wo ist das Kind? Lautes Rufen durch die Wohnung: »Es geht los, komm schon!« Keine Reaktion. Sie ziehen Ihren Mantel an. Wo steckt die Vierjährige bloß? Nochmals Rufen. Wieder nichts. Wo bleibt Ihre Tochter? Wieso hört sie nicht? Was tun?

1. Vor sich hinschimpfend wandern Sie auf der Suche nach dem Ausreißer durch die Wohnung: »So geht das nicht. Du kannst mich nicht im Flur stehen lassen! Wenn ich rufe, dann kommst du!«

2. Sie korrigieren Ihr Verhalten, brüllen keine Befehle mehr durch die Wohnung, sondern gehen zu dem Kind und sprechen es auf Augenhöhe freundlich, aber bestimmt an: »Komm bitte. Wir müssen los. Und zieh bitte deine Regenjacke an!«

3. Sie ziehen Ihren Mantel wieder aus und rufen: »Dann eben nicht. Wir bleiben zu Hause!« Jetzt hilft auch kein Bitten und Betteln mehr: Wer nicht rechtzeitig kommt, den bestraft das Leben.

DIE LÖSUNG: Schimpfkanonaden machen wenig Eindruck, verpuffen meist ungehört. Die Strafaktion »Dann bleiben wir eben zu Hause!« sorgt höchstens für schlechte Laune. Ein Moment Zeit muss morgens sein – für eine Portion Zuwendung, ein kurzes Gespräch in Augenhöhe. Es zeigt Wirkung, wenn man ein Kind freundlich anspricht, die eigenen Wünsche präzise und kurz formuliert.

»Ganz schön schludrig!«

Im Kinderzimmer morgens um acht. Sie müssen noch frühstücken, Betten machen und dann schleunigst das Haus verlassen. Ihr vierjähriger Sohn dagegen scheint alle Zeit der Welt zu haben, denn er sucht in unerschütterlicher Ruhe nach seiner rechten Socke. Unter dem Bett. Hinter dem Bett. Das Ding bleibt verschwunden. Ein anderes Paar Socken will der Kleine auf keinen Fall anziehen, macht ein Mordstheater, als ihm das zugemutet wird. Was tun?

1. Sie wollen solche Situationen in Zukunft vermeiden. Also halten Sie Ihrem Kind einen längeren Vortrag und erklären, wie Sie den morgendlichen Stress in Zukunft verringern wollen: »Wir müssen alle Deine Klamotten schon abends bereit legen, und zwar schön geordnet! Dann haben wir morgens mehr Spielraum. Und außerdem sollten wir ab jetzt etwas früher aufstehen, dann ist der Druck in der Früh nicht so groß!«

2. Lob hilft weiter. Sie weisen darauf hin, wie weit der Junge schon allein gekommen ist: »Ich staune: Du bist völlig angezogen! Nur die Socken fehlen noch!« Aus dem fehlenden Socken wird kein Thema gemacht. »Zur Not gehst du eben ohne!«, sagen Sie.

3. Sie gehen gemeinsam und konzentriert auf Sockensuche. Sie fragen: »Wo hast du das verflixte Ding zuletzt gesehen? Weißt du noch, wo du es gestern nach dem Aufräumen hingelegt hast?«

DIE LÖSUNG: Der frühe Morgen ist für Grundsatzgespräche über sinnvolle Vorbeugemaßnahmen nicht geeignet, weil es alle eilig haben. Sie würden damit nur Ihre Energie verschwenden. Außerdem helfen solche umfangreichen Predigten selten weiter, schon deshalb nicht, weil längere Vorträge Kindern ein Graus sind. Sie schalten ab. Lob motiviert einen Knirps dagegen, sich anzustrengen. Es ist auch klug und weise, das Sockenthema nicht allzu wichtig zu nehmen. Eine andere Möglichkeit, das Sockenproblem zu lösen: Gemeinsam auf die Suche gehen. Je jünger ein Kind, desto intensiver ist es auf die elterliche Hilfe angewiesen.

Erziehungsbasics

RICHTIGES LOBEN WILL GELERNT SEIN

Immer wieder weisen Erziehungsexperten darauf hin, dass Eltern mit Lob Berge versetzen können. Doch Lob ist nicht gleich Lob. Große Worte oder kleine Gesten können ein Lob sein. Manchmal ist ein liebevoller Blick mehr wert als hundert Worte.

- **LOB GEZIELT AUSSPRECHEN.** Komplimente wie »Prima gelaufen« sind zwar nett gemeint, dringen aber nicht wirklich durch. Werden Sie lieber konkret. Werkelt Ihr Kind etwa mit Knete und hat eine Katze geformt, sagen Sie: »Eine schöne Katze hast du gemacht! Sie hat so ein liebes Gesicht!« Oder Ihr Sprössling singt munter vor sich hin, und Sie loben: »Ich höre dir gerne beim Singen zu!«
- **LOB PERSÖNLICH HALTEN.** Loben Sie nicht nach »Einheitsschema«: Für ein zaghaftes Kind ist es zum Beispiel eine Leistung, auf einen Baum zu klettern, aber nicht für ein sportliches.
- **LOB NICHT ZU DICK AUFTRAGEN.** Loben sollte behutsam dosiert werden, im rechten Moment als Anerkennung angebracht.
- **EIN LOB NICHT WIEDER EINSCHRÄNKEN** und damit abwerten. Ein negatives Beispiel: »Du hast deine Hausaufgaben wirklich gut gemacht, nur deine Schrift könnte ordentlicher sein!«
- **LOB NICHT ALS TAKTISCHES MITTEL BENUTZEN.** Wird ein Kind gelobt, weil seine Eltern ihm Mut machen oder es trösten wollen, hört es die falschen Töne heraus und fühlt sich betrogen.
- **EIN LOB MUSS VON HERZEN KOMMEN** und sollte nicht amüsiert, distanziert oder gar ironisch vorgebracht werden. Mit Belustigung gemischtes Lob ist Kindern verhasst und klingt in ihren Ohren wie eine Beleidigung.

»Trödle nicht endlos!«

Zu Hause im Flur. Die Uhr tickt. Sie stehen schon gestiefelt und gespornt im Flur und warten auf Ihren fünfjährigen Sohn, der auf der untersten Treppenstufe thronend versonnen die Flurdecke studiert, alle Zeit der Welt zu haben scheint und nicht in seine Schuhe kommt. Versunken im Hier und Jetzt, kann der Kindergarten aus Sicht des Sohnes warten. Auf die Aufforderungen sich zu beeilen, reagiert ein echter Trödler nicht. Alles Reden prallt an ihm ab. Was tun?

1. Natürlich haben Sie es eilig, aber Drängeln bringt doch nichts! Damit rufen Sie höchstens eine Trotzreaktion hervor, und es dauert noch länger. Stattdessen erklären Sie Ihrem Sohn (nicht zum ersten Mal) gründlich, warum morgendliches Trödeln nicht angebracht ist, und lassen sich danach auf eine längere Diskussion mit ihm ein.

2. Genug des Bittens und Erklärens. Sie schnappen sich Ihren Sohn so, wie er ist. Den Jungen unter dem einen Arm, die Schuhe unter dem anderen gehen Sie zum Auto, verstauen Ihr Kind im Kindersitz, stellen die Schuhe daneben, starten in Richtung Kindergarten und sagen ungerührt: »Schluss jetzt mit der Trödelei. Nun läufst du eben auf Socken in den Kindergarten und ziehst dort gleich die Hausschuhe an!«

3. Ein Kind im Kindergarten- und Schulalter braucht unmittelbare Erfahrungen, um zu kapieren, wie Zeit vergeht. Sie finden eine Möglichkeit, ihm das zu zeigen, indem Sie morgens eine Sanduhr aufstellen. Nun kann es lernen, sich die Zeit selbst einzuteilen.

DIE LÖSUNG: Ihr Kind weiß, dass morgens keine Zeit zum Trödeln ist – das wurde ihm mit Sicherheit oft genug erklärt. Es hilft kein bisschen weiter, nun einen verunsichernden Wackelkurs zu steuern: einerseits Tempo zu machen, andererseits lange Diskussionen zuzulassen. Weil das Erklären also nichts nützt, wird Ihr Kind nun aus Erfahrung klüger: Sie machen sich »auf die Strümpfe«. Da ein Fünfjähriges genau merkt, wann die Belange der Erwachsenen Vorfahrt haben, braucht es jetzt keine längere Erklärung mehr. Auch die Sanduhr kann beim Trödelproblem weiterhelfen.

»Pass auf dich auf!«

An einem Schultag, vor Ihrer Haustür: Fix und fertig ausgerüstet, mit seinem Schulranzen auf dem Rücken, macht sich das achtjährige Mädchen wie jeden Morgen auf den Weg zur Schule. Sie stehen auf der Treppe und winken ihm nach – alles ist genau wie immer. Doch heute machen Sie sich plötzlich Sorgen: Hoffentlich passiert meiner Tochter auf dem Schulweg nichts! Vielleicht ist es ja ein Fehler, sie jeden Morgen einfach so ziehen zu lassen! Was tun?

1. Bevor Ihr Kind um die Ecke des Häuserblocks verschwindet, rufen Sie ihm noch nach: »Pass bitte auf, wenn du die Straße überquerst!« und schicken außerdem ein »Vorsicht bei der großen Kreuzung! Geh nur bei Grün über die Straße!« hinterher.

2. Sie sehen Ihrer Tochter nach und denken: »Vielleicht ist das Kind doch noch damit überfordert, morgens allein durch die Stadt in Richtung Schule zu marschieren.« Sie beschließen, das Mädchen in Zukunft zu begleiten oder gemeinsam mit anderen Eltern aus Ihrer Wohngegend einen Bring- und Abholdienst zu organisieren.

3. Sie schieben Ihre plötzliche Sorge beiseite – schließlich soll Ihr Kind ja immer selbstständiger werden. Sie schauen Ihrem Kind also nur einen Moment nach, rufen kurz und fröhlich: »Ich weiß ja, dass du gut aufpasst, wenn du über die Straße gehst!« Dann machen Sie schnell kehrt.

DIE LÖSUNG: Geben Sie Ihre eigenen Sorgen nicht an Ihr Kind weiter, indem Sie ihm »Pass auf« hinterherrufen oder ihm einen Begleitschutz verordnen. Damit machen Sie ihm nur Angst. Und, was noch schwerwiegender ist: Wer dauernd »Vorsicht« zu hören bekommt, sagt sich: »Meine Eltern trauen mir nichts zu. Vielleicht haben sie ja Recht mit ihrer Sorge!« Solche Überlegungen sind Gift für die Selbstsicherheit und Eigenständigkeit Ihres Kindes. Wenn Sie möchten, dass Ihr Kind selbstständig und unabhängig wird, sollten Sie es losschicken, seinen Mut, seine Eigenständigkeit loben und es ermutigen, seinen Weg zu gehen. Wenn Sie ihm das Gefühl vermitteln, dass Sie ihm vertrauen, geben Sie ihm Sicherheit.

»Raus aus dem Bett!«

Ein Schultag. Im Kinderzimmer. Es ist einfach jeden Morgen das Gleiche: Die Achtjährige kommt wie immer nicht aus dem Bett. Dreimal schon hat die Mutter nach dem Kind geschaut und wird langsam immer unruhiger, da die Zeit drängt. Sie hat ihrer Tochter mehrfach gut zugeredet: »Du musst aufstehen, es hilft nichts!« – allerdings ohne jeden Erfolg. Tief unter ihrer Bettdecke vergraben, schlummert die Langschläferin hartnäckig weiter. Was tun?

1. Irgendwann hört jedes Verständnis auf, und deshalb ziehen Sie Ihrem Kind schließlich resolut die Bettdecke weg. Energisch drohen Sie: »Wenn Du jetzt nicht in die Puschen kommst, verpasst du den Schulbus! Glaub aber bloß nicht, dass ich dich dann mit dem Auto zur Schule fahre – schließlich bist du selbst schuld, wenn du so spät aufstehst!«

2. Kaum fängt der Tag an, schon beginnt der Stress. Es ist ja nicht so, dass Sie sonst nichts zu tun hätten! Sie haben endgültig genug und lassen Ihrem Frust freien Lauf. »Du alte Transuse, jetzt reicht's mir aber! Dein Wecker hat schon vor einer halben Stunde geklingelt«, schimpfen Sie und setzen nach: »Hätte ich mir ja eigentlich denken können, dass du auch heute wieder nicht pünktlich aufstehst!«

3. Sie setzen sich auf die Bettkante, streichen Ihrer Tochter über das Haar, sagen dabei, wie schön weich und warm sich die Haare anfühlen und dann: »Ob du willst oder nicht, du musst jetzt aufstehen!« Hilft das gute Zureden nicht, kommt das Kind eben nicht pünktlich zur Schule und wird dann hoffentlich aus Schaden klug.

DIE LÖSUNG: Drohungen und Schimpfen führen nicht zu einer positiven Verhaltensänderung – damit locken Sie niemanden unter der Bettdecke hervor! Und schon gar nicht, wenn Sie das Kind mit Ihrem Schimpfen niedermachen. Mit freundlicher Aufmerksamkeit und gutem Zureden kommen Sie dagegen viel eher zum Ziel. Wichtig ist dabei, dass Sie aufzeigen, wo eine Grenze ist und wo Ihre elterliche Hilfe ein Ende hat.

»Ich bin doch nicht dein Chauffeur!«

Ihr neunjähriger Sohn ist morgens nicht rechtzeitig in die Gänge gekommen, hat trotz mehrmaliger Ermahnung ewig herumgetrödelt und schließlich prompt den Bus verpasst. Und selbst wenn er den nächsten Bus wider Erwarten noch erwischt, wird er zu spät zur Schule kommen. Ganz selbstverständlich fordert er daraufhin von seinem Vater: »Fahr mich zur Schule!« Was tun?

1. Natürlich springen Sie ein und bringen Ihren Sohn zur Schule. Schließlich können Sie es gut verstehen, wenn man morgens nicht so hetzen will. Und warum nicht Retter in der Not sein, wenn's mal brenzlig wird? Die Schule ist doch schon stressig genug, da braucht es nicht noch zusätzlichen Stress!

2. Sie weigern sich strikt und sagen: »Vielleicht wirst du jetzt endlich mal aus Schaden klüger! Ich habe dich schließlich x-mal darauf hingewiesen, dass du dich beeilen musst. Jetzt musst du die Suppe eben selbst auslöffeln, die du dir eingebrockt hast. Nimm den nächsten Bus und erklär deiner Lehrerin, warum du zu spät kommst!«

3. Ausnahmsweise fahren Sie Ihren Sohn heute, damit er in der Schule keinen zu großen Ärger bekommt. Sie sagen ihm gleichzeitig aber klar und deutlich, dass aus der Fahrerei keine Gewohnheit werden darf: »Eine Ausnahme bleibt Ausnahme, dass das klar ist!«

DIE LÖSUNG: Weiß ein Kind, dass Papa oder Mama im Hintergrund zuverlässig parat stehen, jederzeit und gerne bereit einzuspringen, wenn der Bus verpasst ist, dann schrumpft seine Bereitschaft, sich zu beeilen und pünktlich an der Bushaltestelle zu stehen. Deshalb sollten Sie wirklich nur ausnahmsweise einspringen und den Retter in der Not spielen. Wichtig ist dabei, dass Sie Ihrem Kind in aller Deutlichkeit klarmachen: »Hier handelt es sich um eine absolute Ausnahmesituation!« Wird der Bus dagegen häufiger verpasst, sollte es mit dem Verständnis für die Trödelei vorbei sein. Dann heißt die Devise: »Du bist selbst verantwortlich für dein Zuspätkommen. Erkläre deiner Lehrerin nun bitte, warum du zu spät kommst!«

Erziehungsbasics

POSITIV VERSTÄRKEN

Die Sicht auf das eigene Kind bleibt nicht, wie sie ist, sondern verändert sich im Laufe der Jahre ganz wesentlich. Wichtig ist, dass Eltern ihr Kind jederzeit altersgemäß fördern und ihm das jeweils richtige Maß und die richtige Art von Aufmerksamkeit schenken. So kann sich ein vertrauensvolles Verhältnis entwickeln, und viele Erziehungsprobleme treten gar nicht erst auf.

Ein **BABY UND EIN KLEINKIND** wird in der Regel intensiv von seinen Eltern wahrgenommen, reichlich mit Zärtlichkeiten bedacht, weil das Leben mit Kind noch neu und besonders spannend ist – und weil das kleine Wesen einfach umwerfend niedlich ist.

Ein **VORSCHUL- ODER SCHULKIND** wird dagegen nicht mehr ganz so begeistert beobachtet, es wird seltener belohnt und gelobt, weil die Freude an ihm und an seiner Entwicklung selbstverständlicher geworden ist – warum sollte man im Alltag extra in besonderer Weise auf das Kind eingehen? Vor allem überbeschäftigte Mütter und Väter schauen oft nicht mehr ganz so genau hin und übersehen selbst größere Entwicklungsschritte.

Wenn sich jedoch **KONFLIKTE ANBAHNEN**, dann schrecken sie auf, werden aktiv und kommen ihrem Nachwuchs mit Erziehungsmaßnahmen. Mit Argusaugen beobachten sie ihr Kind dann, schnell bereit, Unpünktlichkeit, Schludrigkeit, Unordnung, Ungehorsam zu registrieren. Viele wollen ihrem Kind sein Fehlverhalten mithilfe von Drohungen, Gebrüll, sogar Schlägen und Demütigungen austreiben und sind ziemlich verzweifelt, wenn sie mit diesen Mitteln nichts Positives bewirken, sondern im Gegenteil die kindlichen Untaten eher zunehmen.

Der Grund: Mit **STRAF- UND SCHIMPFAKTIONEN** wird unerwünschtes Benehmen oft eher verstärkt als eingedämmt, weil das Kind jetzt die Aufmerksamkeit erfährt, die es sich wünscht. Das heißt in der Praxis: Die Konflikte steigern sich. Das Kind schreit noch lauter, schlägt um sich, hat üble Wutanfälle.

Eltern reagieren in sehr unterschiedlicher Weise auf solche Eskalationen von Aggressivität:

- **MANCHE GEBEN AUF.** Durch die Attacken der Kinder fühlen sie sich in die Enge getrieben – so lange, bis sie schließlich klein beigeben. Mit ihren Kräften und ihrer Geduld am Ende, berichtet zum Beispiel eine erschöpfte Mutter: »Immer wenn wir Knatsch haben, weiß meine Tochter von vornherein ganz genau, dass ich bei unseren Streitereien den Kürzeren ziehen werde und nicht etwa sie!« Die Erwachsenen geben also erschöpft auf, resignieren, behelligen die Kinder nicht länger mit ihren Vorstellungen.
- **ANDERE LASSEN SICH AUF MACHTKÄMPFE EIN.** Wer nicht aufgibt, kämpft mit seinem Nachwuchs oft um die Herrschaft: Wer hat hier das Sagen? Die Situation eskaliert, hin zu ständigem gegenseitigem Misstrauen und Unverständnis.
- **ERFAHRENE ELTERN KENNEN EIN HILFSMITTEL:** Sie drehen den Spieß bewusst um und beschließen besonders aktiv zu werden, wenn die Stimmung in der Familie entspannt ist. Das heißt: Sie bieten ihrem Kind zu Hause viele Gelegenheiten, sein Können zu zeigen, seine Fähigkeiten zu üben, und stellen gemeinsam mit ihm fest, was es geschafft hat und wie gut und prächtig das Ergebnis seines Einsatzes ist. Das heißt: Sie nehmen positives Verhalten vorrangig wahr, schenken vor allem dem gewünschten Verhalten Aufmerksamkeit und bekräftigen es durch Lob, Belohnung und Zuwendung. Meist wirkt das Wunder und beugt einer Eskalation wirksam vor.

VORMITTAGSFREUDEN

Fit und ausgeruht erobert Ihr Kind den Tag. Sammelt neue Energie. Misst seine Kräfte mit denen der Altersgenossen im Kindergarten beziehungsweise in der Schule oder mit seinen Eltern und Geschwistern zu Hause. Nicht immer einfach, das Energiebündel auf Kurs zu halten. Wie lassen sich Konflikte am besten lösen?

»Kannst du nicht gehorchen?«

In der Küche. Wie oft wurde dem Dreijährigen nicht schon gesagt, dass die unteren Schubladen im Küchenschrank tabu für ihn sind. Streng verboten! Aber die Schubladen üben einfach einen großen Reiz auf den Jungen aus. Schwupp, sind sie in einem unbeobachteten Moment aufgezogen. Toll, was hier alles zu finden ist! Das Kind zieht eine Gemüsereibe aus der Schublade, ratscht sich prompt den Finger daran auf und weint. Was tun?

1. Sie sehen, dass die Ratscher nicht allzu schlimm sind, nehmen Ihr Kind auf den Arm, wiegen es hin und her, trösten es und flüstern ihm ins Ohr: »Tut doch gar nicht so weh!«

2. Das Wichtigste jetzt: Trösten. Sie gehen in die Knie auf Augenhöhe zu Ihrem Kind und sagen: »Tut weh! Lass mal pusten!«

3. Sie setzen eine klare Grenze: »Nicht an die Schubladen gehen, das weißt du!« Vor allem jedoch nehmen Sie sich vor, besser aufzupassen, dass das Schubladenverbot auch respektiert wird.

DIE LÖSUNG: Ratscher tun weh! Wird die Situation beschönigt und verharmlost, fühlt sich ein Kind in seiner Not nicht ernst genommen. Und was hilft? Pusten vertreibt manchen (seelischen) Schmerz. Der Grund: Kleine Kinder glauben gerne an magische Kräfte ihrer Eltern. Dieser Glaube gibt ihnen ein Gefühl von Sicherheit. Auch richtig ist es, noch einmal eine klare Grenze zu ziehen. Und: In dieser Entwicklungsphase müssen vor allem die Eltern Obacht geben, einfach höllisch aufpassen.

→ »Sag danke!«

Im Supermarkt. Aus Kindersicht ein Paradies auf Erden mit knallbunten Lutschern, den verschiedensten Bonbons, Keksen, Eis – lauter Herrlichkeiten. Kein Wunder, wenn ein Dreijähriger da um ein Eis bettelt. Na gut, also ein Eis. Die Mutter holt ein Eis aus der Tiefkühltruhe, hält es ihrem Sohn vor die Nase und sagt: »Ich möchte aber zuerst ein Danke hören!« Der Dreijährige interessiert sich jedoch allein für das Eis. Die Geschichte mit dem Dankeschön lässt ihn völlig kalt. Er krakeelt laut: »Eis, Eis, Eis!« Was tun?

1. Sie bestehen auf dem Dankeschön. Schließlich heißt die Regel: Ich bedanke mich, wenn ich etwas geschenkt bekomme. Und wenn aus dem Danke nichts wird, wandert das Eis eben wieder in die Tiefkühltruhe. Eventuelles Geschrei, das daraufhin einsetzt, muss eben ausgehalten werden, egal wie viel strafende Blicke Sie als Mutter von Umstehenden ernten.

2. Sie werden sich der Tatsache bewusst, dass Sie eben eine Forderung gestellt haben, die sich mit Sicherheit nicht erfüllen wird. Sie nehmen sich vor, beim nächsten Mal vorher nachzudenken, lieber frühzeitig auf die Forderung zu verzichten und einfach ein klares »Ja« oder ein deutliches »Nein« zu sagen. In der aktuellen Situation aber heißt es aus der Sackgasse herauszukommen, in die Sie sich hineinmanövriert haben. Ein Versuch: humorvoll reagieren. Lächelnd sagen Sie zu Ihrem Kind: »Danke, dass du so laut danke gesagt hast!«

3. Sie reagieren gestresst mit einem genervten »Hätte ich mir ja denken können, dass du nicht in der Lage bist, anständig danke zu sagen. Dann gibt es eben auch kein Eis!«.

DIE LÖSUNG: Wer stur auf seinem Willen besteht, gerät schnell in einen Machtkampf, in dem sich die Emotionen hochschaukeln und sich keine Lösung des Problems abzeichnet. Ein Kind niederzumachen kann wiederum nie eine gute Lösung sein. Deshalb lohnt sich der Versuch, mithilfe von Humor wieder aus der Sackgasse herauszukommen, in die man sich selbst durch Ungeschicklichkeit bugsiert hat.

»Lass mich in Ruhe!«

Zu Hause. Hausarbeit muss erledigt werden: Erst Spülmaschine ausräumen, dann den Flur fegen – im Moment bleibt keine Zeit, sich mit der Tochter zu beschäftigen. Die Vierjährige akzeptiert das, sitzt am Esstisch und reißt Fotos aus einem Katalog. Nach einer Weile hat die Geduld ein Ende. Das Mädchen lässt das Bilderreißen sein und hängt sich, um Aufmerksamkeit quengelnd, an Mamas Rockzipfel. »Lass mich doch bitte in Ruhe«, denkt die Mama, die sich in diesem Moment nicht um ihre Tochter kümmern mag. Was tun?

1. Sie vertrösten die kleine Tochter auf später und versprechen ihr: »Wenn ich mit der Küche und dem Flur fertig bin, dann komme ich zu dir, und dann machen wir was Schönes!« Danach setzen Sie die Vierjährige resolut wieder auf ihren Stuhl am Tisch.

2. Statt in die Küche abzuschwirren, setzen Sie sich ein Weilchen zu der Tochter an den Tisch und schnipseln mit ihr Bilder aus dem Katalog. Der Haushalt kann jetzt erstmal warten.

3. Sie lassen das Mädchen an Ihrem Rockzipfel hängen und knurren aus dem Mundwinkel: »Dann kommst du eben mit in die Küche. Aber wehe, du hältst mich von der Arbeit ab!«

DIE LÖSUNG: Quälgeister lassen sich ungern vertrösten. Wer es versucht, erleidet meistens Schiffbruch: Nach wenigen Minuten wird das Kind erneut auf der Matte stehen. Der mütterliche Frustpegel steigt, wenn das Kind am Rockzipfel hängen bleibt; damit ist der nächste Knatsch vorprogrammiert. Besser: Sie kommen dem Bedürfnis nach Nähe nach und widmen sich dem Kind kurz und intensiv.

»Du musst warten!«

Dass jetzt Wäsche sortiert, gebügelt, zusammengelegt wird, passt der Dreijährigen nicht, denn sie will selbst im Mittelpunkt des Interesses stehen und beginnt ein paar Störmanöver: Sie wühlt in der Wäsche herum. Zieht die bereits sorgfältig zusammengelegten Hemden auseinander. Alle Ermahnungen prallen an ihr ab. Die Störmanöver gehen unverändert weiter. Was tun?

1. Eine Gemeinheit ist das! Sie beziehen die Störmanöver auf sich, reagieren beleidigt: »Mit mir kann man es ja machen! Und ich bin noch so dumm, eure Wäscheberge zu versorgen!« Dann packen Sie das Bügelzeug unter den Arm und dampfen ab.

2. Sie versuchen das Kind spielerisch und mit Humor in Ihre Arbeit einzubeziehen, ziehen einen Socken über ihre Hand und lassen die »Handpuppe« zum Beispiel sagen: »Ach, diese Wäscheberge, ach, diese viele Arbeit. Ich muss schuften und schuften und keiner hilft mir. Hilfst du mir?«

3. Sie lenken das Kind von seinem Frust ab, nehmen es auf den Arm, wirbeln es im Kreis herum und singen dabei: »Gefangen. Gefangen. Ich habe ein Wäschemonster gefangen!«

DIE LÖSUNG: Wer die beleidigte Leberwurst spielt, wird nicht ernst genommen. Nicht einfach, in Stressmomenten mit Humor zu reagieren. Wer es jedoch schafft, Streit mit Spiel, mit Ablenkungsmanövern und viel Fröhlichkeit zu umschiffen, egal ob mithilfe von Handpuppentheater oder mit Wäschemonstergesang, hat gewonnen.

Erziehungsbasics

WARUM SCHIMPFEN NUR VERLETZT

Einfach mal Dampf ablassen, platzen, in die Luft gehen, richtig losschimpfen – für erschöpfte Mütter und angestrengte Väter ist das manchmal ein Ventil, wenn ihre Nerven blank liegen. Eine brauchbare Erziehungsmaßnahme ist es jedoch nicht. Warum bringt das Schimpfen wenig?

→ **WEIL ZU VIELE WORTE NICHT AUSZUHALTEN SIND.** Kinder lassen sich ungern »zudröhnen«. Prasselt eine Wörterflut auf sie ein, stellen sie auf Durchzug, nach dem Motto: »Ich bin gar nicht da!«

→ **WEIL DER TON DIE MUSIK MACHT.** Schrille, laute, gereizte Töne sind kaum auszuhalten – eine Zumutung. Man kann ihnen nicht entkommen, sie machen einen ganz verrückt.

→ **WEIL WORTE TIEF VERLETZEN KÖNNEN.** Wer schimpft, sagt schnell Dinge, die sitzen. Die ein Kind tief verunsichern, weil es sich erniedrigt fühlt. Die nicht wieder vergessen werden.

→ **WEIL SCHIMPFEN OFT EINEN MACHTKAMPF ZUR FOLGE HAT.** Mit schrillem Geschrei, mit wüstem Zappeln, mit tausend Tricks, Haken und Ösen versucht mancher Mini dem zu entkommen, was die Erwachsenen von ihm erwarten, oder die Großen dahin zu bugsieren, wo er sie haben möchte. Oft genug tappen diese in die Falle: Sie lassen sich durch das Geschrei an den Rand ihrer Geduld bringen, kreischen schließlich ebenso schrill zurück. Schon tobt ein wüster Machtkampf, in dem keiner als Verlierer dastehen will. Häufige Themen bei Machtkämpfen sind der Drang der Kinder nach mehr Selbstständigkeit, Freiraum, Mitbestimmung und der Wunsch der Erwachsenen nach mehr Reglementierung, Kontrolle, Behüten.

Wie lassen sich Machtkämpfe umgehen, wie lässt sich das Kräfte zehrende Kräftemessen (»Wer hält länger durch?«) vermeiden? Die Initiative liegt bei den Erwachsenen, denn schließlich beanspruchen sie für sich selbst, die Vernünftigeren zu sein. Gelassenheit heißt das Zauberwort. Sagt sich leicht und ist schwer aufzubringen, wenn Kinder in Hochform sind und den Stachel ausfahren, genau da treffen, wo es weh tut. Trotzdem: Je gelassener Eltern bleiben, desto eher fallen ihnen in Krisenmomenten vernünftige und vor allem wirkungsvolle Lösungsstrategien für Konflikte ein. Besser als lautes Lospoltern:

→ **VOR DIE TÜR GEHEN.** Tief Luft holen. In dieser Zeit kann sich auch Ihr Kind etwas »abkühlen«.

→ **JOGGEN:** Einmal um den Block laufen.

→ **LEERE FLASCHEN ZERDEPPERN.** Sie in den nächsten Altglascontainer donnern.

→ **FREUNDLICH ZU SICH SELBST SEIN:** Nicht mit zu hohen Ansprüchen an Perfektion durchs Leben wirbeln, sondern nachsichtig mit sich selbst sein und auch mal Fehler eingestehen.

→ **KAUGUMMI KAUEN,** wenn der Stress Wellen schlägt. Stressforscher sagen, dass sich Anspannung oft im Mundbereich zeigt. Durch Kaugummikauen kann man diesen Druck loswerden. Außerdem können Sie Ihr Kind dann freundlich angrinsen, vielleicht eine Kaugummiblase zum Platzen bringen und so der Situation etwas von ihrer Schwere nehmen.

→ **ES NICHT PERSÖNLICH NEHMEN.** Häufig toben Kinder, vor allem kleinere, einfach aus Hilflosigkeit. Sie können nicht aus ihrer Haut, wissen nicht wohin mit ihrem Zorn, fühlen sich wie gefangen in ihrer Wut oder Enttäuschung. Oft hilft es Eltern schon gelassen zu bleiben, wenn sie sich klarmachen, dass ihr Kind nicht aus Böswilligkeit und nur um seine Eltern zu ärgern ausrastet.

»Dauernd Stress!«

Im Wohnzimmer. Kniehoch türmt sich das Spielzeug. Dazwischen ein schreiendes Baby, das Hunger hat. Dann noch ein Dreijähriger, der gerade Ihre Lieblingsbücher aus dem Regal zerrt. Und dazu ein Telefon, das nicht da liegt, wo es liegen sollte, sondern irgendwo versteckt ist und bimmelt. Stress pur. Was tun?

1. Sie knöpfen sich erstmal den Dreijährigen vor und sagen: »Du musst mir das Leben nicht auch noch schwer machen! Du siehst doch, was hier alles los ist! Also sei lieb zu mir und räume wenigstens die Bücher wieder ein, dazu bist du alt genug!«

2. Auf Augenhöhe spricht es sich besser. Deshalb gehen Sie in die Hocke und sprechen einen Moment ganz konzentriert mit Ihrem Dreijährigen. Sie sagen ihm: »Auch wenn dir das Bücherausräumen Spaß macht, ich finde es nicht gut, dass du meine Bücher aus dem Regal ziehst, denn sie sind mir wichtig. Hör bitte auf damit!«

3. Sie gehen ein paar Schritt auf Abstand zu dem Wohnzimmerchaos, atmen einen Moment tief durch und stellen eine Rangordnung auf: Erst das Telefon bedienen? Dann den Dreijährigen beknien, die Bücher zurückzuräumen? Schließlich das Baby versorgen? Und zum Schluss die Spielzeugberge wegräumen? Oder lieber umgekehrt? Wenn die Rangordnung steht, schaffen Sie Schritt für Schritt Ordnung, zwingen sich selbst dabei zur Ruhe und bitten den Dreijährigen freundlich, Ihnen dabei zu helfen.

DIE LÖSUNG: Eltern sollten ihrem Kind keine Schuldgefühle machen, nach der Devise: »Du machst mir das Leben schwer!« Bringen Sie stattdessen Ihr Anliegen sachlich, freundlich und vor allem eindringlich per Ich-Botschaft an den kleinen Mann – dann haben Sie beste Chancen, dass Ihre Bitte respektiert wird. Natürlich kann man zusätzlich auch auf Abstand zu dem Tohuwabohu gehen, sich eine Übersicht verschaffen, das Chaos langsam Schritt für Schritt mit der Hilfe des Dreijährigen beseitigen.

GEMEINSAME MAHLZEITEN

Die Mahlzeiten – ein Brennpunkt, an dem sich häufig ein Familienstreit entzündet. Was eigentlich entspannt und lustvoll ablaufen sollte, artet oft in eine anstrengende Angelegenheit aus und bietet Zündstoff für zahlreiche Streitereien, die nicht selten zumindest den Eltern den Appetit verderben. Wie lassen sich solche Kämpfe vermeiden?

»Immer diese Nörgelei!«

In der Küche. Die Dreijährige sitzt schon mit dem Löffel in der Hand am Esstisch, hat einen Bärenhunger und quengelt in den höchsten Tönen, während Sie das Gemüse putzen, schnippeln, kochen und nebenbei die kleine Tochter vertrösten: »Ein Weilchen musst du noch warten!« Ihre Versprechungen beruhigen die Quengeltante jedoch kein bisschen. Das Nörgeln geht weiter. Was tun?

1. Sie schonen Ihre Nerven und vertrauen auf die Wunderwirkung von Süßigkeiten, zaubern einen Keks hervor und bestechen die Quengelliese damit: »Den bekommst du aber nur, wenn du dann ruhig bist!« Nun können Sie sich in Ruhe wieder dem Kochen zuwenden.

2. Durchhalten heißt die Parole. Und Sie machen sich Mut: Noch zehn Minuten, bis das Gemüse gar ist. Diesen Moment stehe ich durch und sage zu meinem Kind: »Wenn du unbedingt quaken musst, dann mach nur. Ich schnipple mein Gemüse weiter!«

3. Wenn ein Machtkampf sein muss, dann muss er eben sein, deshalb sagen Sie Ihrer Tochter sehr deutlich: »Du hörst jetzt sofort mit deinem Nörgeln auf. Es reicht!« Und wenn das Kind darauf noch vehementer nörgelt, setzen Sie nach: »Du hörst jetzt auf! Wir wollen doch mal sehen, wer von uns den längeren Atem hat!«

DIE LÖSUNG: Eine Bestechung mit Keks ist nicht das Wahre – so lernt Ihr Kind nur, wie es an Kekse kommt... Und wer Ruhe erzwingen will, erreicht meist das Gegenteil: Der Quengler dreht erst recht auf. Damit beginnt oft ein zäher Machtkampf. Machtkämpfe führen immer in eine Sackgasse, aus der Sie nur schwer wieder herausfinden. Stoisch und eisern durchhalten, dabei freundlich dickfellig und uninteressiert bleiben bringt mehr. Dann stößt die Attacke Ihres Kindes ins Leere und wird uninteressant.

»Willst du mich ärgern?«

Ein wunderbares Spiel hat der Dreijährige entdeckt: Er nimmt eine Möhrenscheibe nach der anderen aus der Gemüseschale und übt Weitwurf damit. Es hilft auch nicht, ruhig und konzentriert auf das Bürschchen einzureden: »Jetzt wird gegessen und nicht gespielt!« Er lässt nicht ab von dem Spektakel. Was tun?

1. Sie greifen energisch durch, entfernen den Sportsfreund mit den Worten vom Mittagstisch: »Gemüse ist kein Spielzeug, und das weißt du auch. Wenn du trotzdem damit spielst, hört der Spaß auf. Das habe ich dir gesagt! Also keine Möhren, keine Kartoffeln und keine Würstchen mehr. Nichts zum Essen. Nichts zum Spielen!«

2. Das Freundchen weiß genau, dass Möhrenscheiben nicht durch die Gegend geschmissen werden. Also muss es zu spüren bekommen, dass es schief liegt, und einen Patsch auf die Fingerspitzen bekommen.

3. Sie sagen kurz: »Schluss damit!« Weil sie keine Lust auf einen Streit haben, lenken Sie den Jungen von seiner Spielerei ab, indem Sie ihn fragen, ob er nachher mit Ihnen auf den Spielplatz gehen möchte.

DIE LÖSUNG: Auch ein Patsch auf die Fingerspitzen ist ein Schlag. Und Schläge sind kein taugliches Erziehungsmittel, da sie ein Kind herabsetzen und der Macht Stärkerer ausliefern. Der Junge weiß genau, dass Möhren keine Wurfscheiben sind. Wenn er aller Ermahnungen zum Trotz dennoch damit wirft, so muss er die Folgen hinnehmen: Kein Essen mehr! Auch in Ordnung, dass Sie sich manchmal einfach nicht auseinander setzen wollen und mit kleinen Ablenkungsmanövern tricksen. Aber das greift nur bei kleinen Kindern und auch dann nicht immer.

→ »Iss noch ein Häppchen!«

Heute ist wieder so ein Tag: Die Vierjährige weigert sich zu essen. Seit zwanzig Minuten schon kaut sie an Kartoffeln und Gemüse herum und kommt nicht zum Ende. Was tun?

1. Das Kind muss doch essen, um gut zu gedeihen! Deshalb versuchen Sie es mithilfe von Spielchen zum Essen zu verleiten: Eine Kasperlepuppe tritt als Animateur auf. Ein Löffel mit Kartoffelbrei düst als Flieger über dem Tisch. Sie schneiden Grimassen, um es zum Lachen und zum Essen zu bringen.

2. Wer nicht essen will, isst eben nicht. Der Appetit wird bei der nächsten Mahlzeit schon mit dem Hunger kommen. Sie bleiben gelassen, räumen ab und gehen mit dem Kind vor der nächsten Mahlzeit an die frische Luft, sorgen für Bewegung, damit der Hunger wächst.

3. Sie bauen vor: Kaufen gemeinsam mit dem Kind für die folgenden Mahlzeiten ein, fragen Ihre Tochter, was sie mag, kochen zusammen und lassen die Vierjährige später selbst bestimmen, was und wie viel sie aus den Schüsseln nehmen will.

DIE LÖSUNG: Appetit lässt sich nicht erzwingen, nicht mit guten Worten und auch nicht mit Spielchen. Manche Kinder spielen sich mit Hilfe von Ess-Problemen gerne in den Mittelpunkt des Familieninteresses, wollen alle Aufmerksamkeit auf sich lenken. Deshalb kein Riesenthema daraus machen, sondern sich in Gelassenheit üben, darauf setzen, dass frische Luft und Bewegung hungrig machen. Auch hilft es, das Kind in die Vorbereitungen der Mahlzeiten einzubeziehen und ihm so das Gefühl zu vermitteln: »Kochen und einkaufen ist auch mein Ding. Ich bin nicht außen vor.«

Erziehungsbasics

ZEHN REGELN FÜR DAS FAMILIENLEBEN

Diese gemeinsam vereinbarten handfesten Verhaltensregeln helfen, den Familiendampfer auf Kurs zu halten:

- **WER NACH HAUSE KOMMT**, begrüßt die anwesenden übrigen Familienmitglieder.
- **WER DAS HAUS VERLÄSST**, verabschiedet sich von den anderen.
- **WER EIN FAMILIENMITGLIED** in seinem Zimmer **BESUCHT**, respektiert dessen Intimsphäre. Kisten, Kästen, Schreibtisch … alles tabu für wissbegierige Brüder oder neugierige Schwestern. Keiner außer dem Besitzer macht sich unerlaubt daran zu schaffen.
- **WER ETWAS AUSLEIHEN MÖCHTE**, fragt vorher. Ausgeliehenes wird unaufgefordert zurückgegeben.
- **WER ZU HAUSE IST**, nimmt Rücksicht auf die anderen: Futtert zum Beispiel nicht das letzte Kuchenstück ungefragt, nimmt sich nicht alle Süßigkeiten aus der Kiste, macht keinen Höllenlärm …
- **WER AUF UNERLEDIGTE HAUSARBEIT STÖSST**, packt unaufgefordert zu: Räumt die Spülmaschine schnell ein oder aus. Räumt das Geschirr weg (jedenfalls manchmal).
- **WER MIT ANDEREN STREITET**, wartet nicht darauf, dass der Mitstreiter auf ihn zukommt, sondern macht von sich aus erste Schritte zur Versöhnung, und zwar bald.
- **WER HUNGER HAT**, macht sich nicht ohne zu fragen über den Inhalt des Kühlschranks her, sondern wartet, wenn möglich, auf die nächste gemeinsame Mahlzeit.
- **WER EIN CHAOS** außerhalb seines Zimmers **VERANSTALTET**, etwa in Bad, Flur oder Küche, beseitigt das Durcheinander auch wieder.

»Vor dem Essen ein Bonbon?«

In der Küche. Der Dreijährige wandert ziellos durch den Raum und wartet darauf, dass Papa das Mittagessen endlich fertig hat. Eine ziemlich langweilige Angelegenheit für den Kleinen. »Darf ich ein Bonbon essen?« fragt er – und es klingt mehr wie eine Feststellung. Sein Vater kennt diesen fordernden Ton schon, denn das Bürschchen fragt ihn dauernd nach Süßigkeiten. Was tun?

1. »Wenn's sein muss...«, antworten Sie, weil Sie ganz genau wissen, dass der kleine Mann in den höchsten Tönen loskreischen wird, wenn er jetzt ein Nein zu hören bekommt. Dass es eigentlich keine Bonbons vor dem Mittagessen gibt, weil das den Appetit verdirbt, wird er dann eben später lernen müssen, trösten Sie sich.

2. Jetzt noch Bonbons? Da gibt es nur ein klares Nein! Sie sagen Ihrem Süßschnabel: »Wenn du Süßigkeiten unmittelbar vor dem Mittagessen isst, verdirbt dir das den Appetit. Außerdem gibt es nach dem Essen eine Nachspeise!« Und wenn daraufhin ein großes Geschrei beginnt, beweisen Sie Nervenstärke, indem Sie einfach weghören.

3. »Also gut, hol dir ausnahmsweise ein kleines Bonbon!« Weil Sie es kleinlich finden, alle naselang Nein sagen zu müssen, geben Sie nach und erkaufen sich mit Ihrer Großzügigkeit ein strahlendes Lächeln.

DIE LÖSUNG: Nachgeben ist hier keine gute Lösung, auch nicht ausnahmsweise. Denn ein Kind, das meistens bekommt, was es will, entwickelt auf Dauer einen enormen Anspruch und provoziert immer vehementer, wenn seine Wünsche nicht sofort erfüllt werden – eine nervenaufreibende Angelegenheit, ihm diese Anspruchshaltung wieder abzugewöhnen. Dazu kommt: Jedes Kind muss lernen, dass sich die Erwachsenen nicht von ihm erpressen lassen. Erst recht nicht mit der Androhung von Geschrei und Getobe. Deshalb ist ein klares, freundliches Nein angebracht und eine knappe Erklärung, warum es vor dem Essen kein Bonbon gibt. Eventuelles Geschrei werden Sie überleben. Und wenn Ihr Kind immer wieder merkt, dass Sie konsequent bleiben, wird es seine Ansprüche schließlich von sich aus zurückschrauben.

»Warte, bis alle so weit sind!«

Bei Tisch. Der Schokoladenpudding sticht ihr ins Auge: Diesen leckeren Pudding will die Dreijährige sofort essen und den Gang davor erstmal weglassen. Als sie darauf hingewiesen wird, dass der Pudding Nachtisch ist und dass es den Nachtisch erst nach dem Hauptgericht gibt, haut sie wütend mit dem Löffel auf den Tisch und plärrt eine Runde in Kleinkindmanier. Was tun?

1. Nachgeben. Sie gestehen Ihrer Tochter gleich jetzt eine ordentliche Portion Pudding zu und sagen sich: »Es lohnt sich doch nicht, wegen des Puddings eine anstrengende Auseinandersetzung durchzustehen. Ich will jetzt außerdem in Ruhe essen. Auf Dauer wird das Mädchen schon lernen, dass man seine Wünsche nicht immer umgehend befriedigen kann, sondern sie manchmal aufschieben muss!«

2. Wer so ausrastet, der hat bei Tisch nichts mehr zu suchen. Sie schnappen sich das brüllende Bündel und setzen es ohne Vorwarnung abrupt vor die Tür: »Wer brüllt, bekommt nichts zu essen! Erst wenn du aufhörst zu plärren, kannst du wieder zu uns an den Tisch kommen!«

3. In Ihrer Familie gilt eine klare Regelung bei Tisch: »Es gibt heute Mittag Suppe. Wer die Suppe nicht isst, bekommt keinen Pudding.« Geschrei als Erpressungsversuch funktioniert nicht. Wer weiter Theater macht, obwohl er vorgewarnt wurde, muss einen Moment vom Tisch abrücken – ohne Suppe und ohne Pudding.

DIE LÖSUNG: Zu große Nachgiebigkeit um des lieben Friedens willen bringt nichts. Im Gegenteil: Sie lässt ein Kind orientierungslos zurück. Damit ist der nächste Konflikt bereits vorprogrammiert, denn das Kind wird erneut austesten, wo seine Grenzen sind. Ein Kind dagegen ohne Vorwarnung gleich vor die Tür zu setzen ist des Guten zu viel, außerdem hat es damit zumindest Aufmerksamkeit »erpresst«, wenn es schon keinen Pudding bekommt. Am wirkungsvollsten ist es, nicht zu viel Gedöns um die Puddinggeschichte zu machen, sondern eine klare Regelung durchzuziehen: Wer sie nicht akzeptiert, obwohl er vorgewarnt wurde, muss mit einer kurzen Auszeit rechnen.

»Du isst jetzt!«

Mittagessen. Es gibt Kohlrabi, Kartoffeln und Würstchen. Alles wunderbar, findet der Vierjährige. Bis auf den Kohlrabi. Gemüse ist grundsätzlich nicht sein Fall. »Das esse ich nicht!«, sagt der Steppke. Was tun?

1. Sie gehen auf Ihr Kind und seine Vorbehalte ein und bieten ihm eine Alternative an: »Schon gut, du musst nicht essen, was dir nicht schmeckt! Dann gibt es für dich eben nur Würstchen und Kartoffeln!«

2. Sie weisen darauf hin, dass gegessen wird, was auf den Tisch kommt. Sie beharren auf Ihrem Standpunkt: »Kohlrabi ist gesund und wird deshalb gegessen! Du bleibst sitzen, bis du deine Portion verputzt hast!«

3. Sie kommen Ihrem Kind entgegen: »Wenn dir Kohlrabi partout nicht schmeckt, musst du ihn nicht essen! Aber überhaupt kein Gemüse essen kommt nicht in Frage, denn Gemüse muss sein, weil es besonders gesund ist. Wir schreiben auf, was dir nicht schmeckt – zu viele Sorten sollten es nicht sein –, und die übrigen Gemüsesorten isst du ab jetzt!«

DIE LÖSUNG: Befehle führen in eine Sackgasse, reizen auf Dauer zu Widerspruch und Trotz, verderben den Appetit erst recht. Nehmen Sie die Meinung Ihres Kindes ernst und klären die Situation kurz. Geben Sie eine klare Richtlinie vor, an die es sich ab jetzt halten kann, und umschiffen einen Machtkampf ums Essen. Und wenn es mal nicht anders geht, reichen auch Würstchen und Kartoffeln.

»Keine Schimpfwörter!«

Beim Mittagessen. Der Vierjährige ist müde und nicht gerade bester Stimmung aus dem Kindergarten gekommen. »Gleich gibt's Mittagessen!« sagt die Mutter und fügt hinzu: »Vorher räumst du noch deine Gummistiefel weg, und…!« Bevor sie ihren Satz beenden kann, fährt der Sohn ihr über den Mund. »Tue ich nicht, du doofe Tucke, du!« Und dann murmelt er »dumme Kuh« vor sich hin. Was tun?

1. Sie grenzen sich klar ab und sagen bestimmt: »Ich mag mich nicht von dir beschimpfen lassen!« Und dann haken Sie nach: »Was habe ich dir getan, dass du so wütend auf mich bist?«

2. Die Beschimpfung wird überhört, nach der Devise: Im Kindergartenalter haben Schimpfwörter halt einfach Hochkonjunktur. Deshalb muss ich die Beschimpfung nicht so ernst nehmen. Die Freude an deftigen Ausdrücken wird sich schon wieder »rauswachsen«.

3. Sie bringen den aufmüpfigen Knaben in sein Zimmer. Tür zu. Jetzt hat er genug Gelegenheit, sich bewusst zu werden, dass er mit Schimpfwörtern nicht weiterkommt.

DIE LÖSUNG: Wer Beschimpfungen einfach überhört, verunsichert denjenigen, der sie ausprobiert. Das Kind verliert die Orientierung: Schlimm oder nicht schlimm – was gilt denn nun bei Schimpfwörtern? Eine Strafe ohne Vorwarnung, ohne Begründung bringt ebenfalls nichts. Das Kind kann das Ganze kaum einordnen, seine Schimpfwörter nicht mit der »Einzelhaft« im Kinderzimmer in Verbindung bringen. Es macht dagegen Eindruck, wenn Sie Ihr Empfinden, Ihre Ablehnung deutlich mitteilen und zeigen, dass Sie verletzt sind. Kraftausdrücke sind nicht das Wahre, Schimpfwörter erst recht nicht. Niemand fühlt sich gut, wenn er beschimpft wird. Gleichzeitig kann dieses Erlebnis Anlass für weitere Gespräche über den Umgang in der Familie und mit anderen sein.

Erziehungsbasics

GUT FÜR EINE GESUNDE ENTWICKLUNG

Für eine gute, förderliche Erziehung und ein harmonisches Familienleben gibt es kein Rezept – aber einige Zutaten, die unbedingt dazugehören. Wenn Eltern diese bewusst nutzen, können sie damit zahlreichen stressigen Erziehungssituationen vorbeugen.

- **ZEIT UND RUHE.** Ein Kind benötigt in unserer schnelllebigen Zeit Verschnaufpausen zum Auftanken – Zeit zum Trödeln. Zum Nichtstun. Zum Träumen. Es kann und will nicht dauernd funktionieren, sondern möchte sich auch mal treiben oder hängen lassen – selbst wenn das seinen Preis hat. So mag es nicht immer gut organisiert auf Trab sein, sondern den Bus auch mal verpassen. Oder es will nicht dauernd vernünftig sein und die Hausaufgaben gewissenhaft erledigen. Manches Kind kann glücklicherweise noch, was die meisten Erwachsenen längst verlernt haben: sich abgrenzen von Terminen und Zeitdruck, das Leben einfach mal laufen lassen. Ihrem Kind sollten Sie das häufiger ermöglichen.
- **GENUG AUFMERKSAMKEIT SCHENKEN.** Ist ein Kind oft sich selbst überlassen, dann entwickelt es Strategien, um seine Eltern auf sich und seine Bedürfnisse aufmerksam zu machen. Es zappelt beim Frühstück herum. Es jagt die Katze durch die Wohnung. Es benutzt die Couch als Trampolin. Es inszeniert ein Riesentheater. Meistens kommt es mit dieser Strategie sogar ans Ziel seiner Wünsche, denn damit endlich wieder Ruhe einkehrt, schenken Mütter und Väter in der Regel einem ausgeflippten Wüterich, der sein Umfeld nervt, mehr Aufmerksamkeit als einer friedlich spielenden Tochter oder einem fröhlich vor sich hin pfeifenden Sohn.
- **DEM NACHWUCHS STOFF ZUM TRÄUMEN, ZUM SPIELEN, ZUM LERNEN ZUR VERFÜGUNG STELLEN.** Für ausreichende und spannende Beschäftigung sorgen. Viel mit ihm reden, lachen, singen, denn wenn Sie Ihrem Kind viele positive Anregungen bieten, kommt mancher Alltagsärger gar nicht erst auf, sagen Erziehungsexperten. Oder unerwünschtes Verhalten gibt sich von selbst, denn das Kind hat ja die Aufmerksamkeit und muss sie sich nicht erst mithilfe wilder Kapriolen verschaffen.

»Das war gemein!«

Wiener Würstchen im Miniformat – das Lieblingsgericht der Geschwister. Während die beiden futtern, wirft die ältere Schwester die Gabel unter den Tisch, die neben dem Teller des jüngeren Bruders lag. Der Vierjährige krabbelt von seinem Stuhl und taucht nach der Gabel. Während er verschwunden ist, klaut die Große ihm die übrigen Würstchen vom Teller. Zack, sind die Würstchen unter ihrer Serviette verschwunden. Daraus entsteht natürlich Streit mit lautem Weinen. Der Vater der beiden beobachtet das Treiben. Was tun?

1. Vier und sechs Jahre alt – die beiden sind groß genug, um ihre Scharmützel selbst zu beenden. Der Kleine ist schließlich sonst auch pfiffig und kann sich normalerweise sehr gut wehren. Sein Weinen wird sich bald wieder geben. Sie greifen nicht ein.

2. Eindeutig: Der Junge ist in Not. Das ist klar zu sehen und zu hören. Deshalb stellen Sie sich in dieser Situation auf seine Seite und schützen ihn zunächst. Sie gehen zu ihm hin und sagen: »Sie hat einfach deine Würstchen gemopst! Das ist nicht richtig!« Kurz und knapp weisen Sie das Mädchen zurecht und fordern sie auf, die Würstchen zurückzugeben.

3. Sie bitten die große Schwester, die Würstchen aus dem Versteck unter der Serviette wieder hervorzuzaubern und sie gerecht zu verteilen. Später unterhalten Sie sich mit der jungen Dame unter vier Augen über ihren Streich, der gar nicht komisch war.

DIE LÖSUNG: In diesem Fall sind die Geschwister sicherlich noch damit überfordert, ihr Problem allein zu lösen – die Situation ist schon zu sehr eskaliert. Wenn ein kleines Kind bitterlich weint, braucht es Trost und Schutz durch die Eltern. Wenn es eindeutig im Nachteil ist, sollte man ihm signalisieren: Ich bin auf deiner Seite. Auch wichtig, dass der großen Schwester in einem Extragespräch deutlich gemacht wird: »So springst du nicht mit dem kleinen Bruder um!« Noch ein Tipp: Der Kleinere ist zwar in diesem Fall, aber nicht immer und automatisch der Schwächere.

»Nimm doch Rücksicht!«

Der Tisch ist gedeckt, eine Auflaufform mit duftenden Schinkennudeln steht in der Mitte. Gegessen wird erst, wenn alle um den Tisch sitzen, so heißt die Regel in dieser Familie. Das jüngste Familienmitglied, vier Jahre alt, mag sich heute jedoch nicht an diese Verabredung halten. Schließlich hat der Junge Hunger, und Schinkennudeln sind sein Lieblingsessen. Er sitzt also vor allen anderen am Tisch, lädt sich eifrig Nudeln auf seinen Teller und legt mit dem Essen los, bevor der Rest der Familie auf der Bildfläche erscheint. Was tun?

1. Sie machen kein Thema aus der Sache. Um des lieben Friedens willen gehen Sie einfach über die Aktion hinweg und lassen Ihren Sohn mampfen: »Ist doch kein Beinbruch, wenn sich der Kleine mal nicht an die verabredete Spielregel halten mag. Er hatte wohl einfach einen riesigen Hunger.« Sie freuen sich, dass es ihm schmeckt, und vertrauen darauf, dass er das Warten mit der Zeit schon noch lernen wird.

2. Der ungeduldige Esser wird nachdrücklich gebremst: »Erst wenn alle um den Tisch sitzen, darfst du mit dem Essen beginnen, so ist das abgemacht! Leg die Gabel noch einmal aus der Hand, bis alle so weit sind und wir gemeinsam beginnen können!«

3. Sie schimpfen und weisen Ihren voreiligen Filius zurecht: »Wie oft habe ich dir schon gesagt, dass du nicht immer so ungeduldig sein sollst! Merk dir endlich mal, dass du erst mit dem Essen beginnen darfst, wenn ich den ersten Happen genommen habe!«

DIE LÖSUNG: Inkonsequenz, die nicht ausdrücklich als Ausnahme von der Regel deklariert wird, verunsichert und reizt zur Wiederholung, nach dem Motto: »Gilt die aufgestellte Regel nun oder nicht?« Schimpfen macht ebenfalls wenig Eindruck, ruft eher Widerstand und Trotz hervor. Am besten, Sie weisen Ihr Kind kurz und freundlich, aber sachlich und bestimmt darauf hin, dass hier eine ihm bekannte Spielregel verletzt wurde, und dringen darauf, dass es sein Verhalten korrigiert.

Erziehungsbasics

WAS EINE FAMILIE BRAUCHT

Gute und grundlegende Voraussetzungen, die dazu beitragen, dass das Familienleben klappt:

- **ACHTEN SIE AUF STABILE STRUKTUREN.** Auf die Zuverlässigkeit. Auf Verbindlichkeit. Auf Abmachungen und Regeln, die aber nicht zu starr sind, sondern auch Flexibilität zulassen, und die nicht nur für Kinder, sondern auch für Erwachsene gelten.
- **LASSEN SIE KLEINE,** liebenswerte **UNEBENHEITEN** im Familienleben zu und Ausnahmen von der Regel als Würze im Alltag: ein gewisses fröhliches Chaos, das Farbe ins Leben bringt und starrem Perfektionismus entgegenwirkt.
- **LEGEN SIE WERT AUF EINEN ANGENEHMEN UMGANGSTON** und freundliche Umgangsformen. Auf ein umsichtiges Miteinander. Auf den Respekt voreinander.
- **NEHMEN SIE DIE SOLIDARITÄT** in der Familie **WICHTIG,** die Mitverantwortung ebenso wie die Selbstverantwortung.
- **PFLEGEN SIE DIE GEMEINSAMKEITEN** und die Familienrituale. Fördern Sie den Gemeinschaftssinn.
- **SETZEN SIE AUF DIE ZAUBERWIRKUNG VON HUMOR,** Spaß, Lachen im Zusammenleben und spielen Sie damit.
- **LASSEN SIE VIEL RAUM FÜR SPONTANES, FÜR FESTE** und Freuden. Nehmen Sie die reibungslose Organisation, den perfekten Ablauf des Familienlebens nicht allzu wichtig.
- **GEBEN SIE DEN FAMILIENMITGLIEDERN, WAS SIE BRAUCHEN,** und nicht das, was sie unbedingt haben möchten.
- **ENTWICKELN SIE** gemeinsame **TRÄUME** und Lebensziele.

»Bist du schwerhörig?«

Das Essen steht auf dem Tisch. »Wir können essen!« Schon zweimal wurde laut gerufen. Nützt nichts. Der Sechsjährige kommt einfach nicht, sondern bleibt bei seinen Bauklötzen. Wie kann man dem Burschen klar machen, dass er zu kommen hat? Was tun?

1. Die Abmachung heißt: Wenn gerufen wird, dann erscheinst du bitte. Wer sich daran nicht hält, muss mit Konsequenzen rechnen: keine Rufe mehr, kein Essen. Der Teller wird mit abgeräumt, wenn alle fertig sind. Es gibt kein Ersatzessen später in der Küche. Jetzt muss bis zur nächsten Mahlzeit gewartet werden.

2. Sie regen sich nicht darüber auf, dass der Junge ungehorsam ist, lassen fünfe gerade sein: »Dann isst er eben später. Ich wärme ihm das Essen auf.«

3. Es wird kurzer Prozess gemacht, der Knabe am Schlafittchen gepackt und aus dem Kinderzimmer an den Esstisch expediert: »Wer nicht hören mag, muss fühlen. Nun bist du da, und wir können mit dem Essen beginnen.«

DIE LÖSUNG: Die Vogel-Strauß-Methode – Kopf in den Sand stecken und nicht hinsehen – führt nicht zu einer Verhaltensänderung. Mit Durchgreifen und Am-Schlafittchen-Packen lässt sich ein Problem vielleicht kurzfristig aus der Welt schaffen, aber langfristig reagiert ein Kind eher bockig auf solch rüde Methoden. Konsequenz macht dagegen sicherlich Eindruck, und dem Kind wird klar, dass gemeint ist, was gesagt wird.

»Gib nicht so an!«

Der kleine Bruder hat einen Freund zum Essen mitgebracht. Der große Bruder nutzt die Gelegenheit und spielt sich vor den beiden Jüngeren auf. Von Heldentaten aus dem Fußballverein berichtet er. Ohne sein Können, ohne seinen enormen Einsatz liefe gar nichts in der Mannschaft, erzählt er. So ein Angeber, denkt die Mutter des Erzählers. Warum plustert er sich bloß so auf? Was tun?

1. So eine blöde Angeberei. Die muss gestoppt werden, und zwar sofort. Sie greifen ein und versuchen den Erzählfluss zu bremsen: »Sag mal, warum musst du hier den großen Macker spielen und Riesengeschichten von irgendwelchen Großtaten zum Besten geben? Findest du das nicht ein bisschen übertrieben?«

2. Sie lassen den Großen zu Ende erzählen, nehmen ihn, unbemerkt von den Jüngeren, später zur Seite und erklären ihm behutsam, warum Sie seinen Bericht als Angeberei empfunden haben, und sprechen mit ihm kurz und knapp darüber, warum Sie von Eigenlob wenig halten.

3. Wer unmäßig angibt, leidet meist unter mangelndem Selbstwertgefühl und will Aufmerksamkeit erregen, auf diese Weise Anerkennung ernten. Sie machen sich Gedanken darüber, wie Sie ab jetzt das Selbstwertgefühl Ihres Kindes besser stärken können.

DIE LÖSUNG: Keiner will vor anderen, schon gar nicht vor Gästen, heruntergeputzt und bloßgestellt werden. Besser: Sie erklären dem Großen später ganz sachlich, warum Angeberei meist wenig Eindruck macht. Ganz wichtig: Überlegen Sie auch, wie Sie Ihrem Kind zu mehr Selbstsicherheit verhelfen können.

Erziehungsbasics

MIT KONFLIKTEN BESSER KLARKOMMEN

SELBSTBEHERRSCHUNG TRAINIEREN. Spielerisch können Kinder lernen, schnell wieder auf den Teppich zu kommen, wenn sie vor lauter Aufregung oder Wut in die Luft gegangen sind. Hier einige Spielanregungen:

→ **SPRINGEN.** Mit Karacho und viel Anlauf im hohen Bogen in einen Sand- oder Laubhaufen springen.

- **SCHREIEN.** Mitten auf einer großen Wiese stehen und so laut schreien und brüllen, wie es nur geht.
- **ENTSPANNEN.** Rücklings auf den Boden legen, alle viere von sich strecken, total entspannt von Kopf bis Fuß. Dazu vielleicht ruhige Musik hören oder einer Geschichte lauschen.

EINFÜHLUNGSVERMÖGEN ENTWICKELN. Wer seine eigenen Gefühle, seine Freude, Traurigkeit, Wut bewusst wahrnimmt, kann auch die Gefühle anderer eher erkennen, Verständnis dafür zeigen und darauf eingehen. Schon in früher Kindheit wird der Grundstein für diese Fähigkeit gelegt. Empathie empfinden kann nur, wer sich selbst verstanden fühlt. Wie können Eltern ihr Kind bei diesem Lernprozess unterstützen? Indem sie …

- **VON EIGENEN GEFÜHLEN ERZÄHLEN.** Auf diese Weise machen Sie Ihren Zuhörer mit einer ganzen Spanne von unterschiedlichen Gefühlslagen und Reaktionsweisen bekannt.
- **GEFÜHLE ZEIGEN** – nicht nur positive, sondern auch negative.
- **DIE GEFÜHLE DER ANDEREN ERNST NEHMEN** und nicht einfach abtun (»Ist doch halb so schlimm!«).
- **ROLLENSPIELE ANREGEN**, bei denen Kinder lernen, **SICH IN ANDERE HINEINZUVERSETZEN.** Wie sieht die Welt mit den Augen eines Zwerges oder eines Riesen aus? Auch beim Kasperletheater, beim Puppenspiel können Kinder viel hinzulernen.
- **SOZIALES VERHALTEN TRAINIEREN.** Vermitteln Eltern ihrem Kind die Umgangsformen, die Spielregeln, die unser gesellschaftliches Leben bestimmen, dann lernen Kinder, welche Konflikte auf sie zukommen und wie sie damit umgehen können. Sie lernen zu teilen, Rücksicht zu nehmen, sich zu behaupten. Auch diesen Bereich können Eltern spielerisch fördern (siehe Seite 125 und 142).

»Mäkeln verboten!«

Von Fischgerichten hält die Siebenjährige überhaupt nichts. Das ist einfach nicht ihr Fall. Anstatt ihre Meinung aber für sich zu behalten, möchte sie, dass es alle wissen: Sie mäkelt mit angewidertem Gesichtsausdruck an dem leckeren Fischauflauf herum, der im Ofen brutzelt: »Fisch stinkt doch! Wie kann man nur so etwas essen! Das ist ja richtig eklig! Ich esse keinen Bissen davon!« Was tun?

1. Sie sagen knapp, klar und sehr deutlich: »Am Essen wird bei uns nicht herumgemäkelt, und das weißt du! Dein Gemotze ist außerdem rücksichtslos, denn es verdirbt demjenigen die Freude, der die Mahlzeit zubereitet hat, und auch allen anderen, die Fisch gerne essen und sich auf das Essen freuen!«

2. Sie nutzen die Gelegenheit und erklären Ihrer Tochter genauestens, warum Fisch das A und O einer gesunden Ernährung ist, warum er unter allen gesunden Lebensmitteln so besonders wertvoll ist, was ihn so außerordentlich wohlschmeckend macht. Sie nehmen die Situation zum willkommenen Anlass, um ausgiebig darauf hinzuweisen, wie kostbar dieses Nahrungsmittel ist, und schließen Ihre Ausführungen ab mit dem Satz: »Es gibt also wirklich keinen Grund zu schaudern!«

3. Sie schicken Ihr Meckerkind mit den Worten aus dem Raum: »Dann geh doch in dein Zimmer! Du musst ja nicht mitessen! Andere Kinder wären glücklich, wenn sie überhaupt etwas zu essen hätten. Denk doch mal darüber nach, bevor du loslegst zu schimpfen!«

DIE LÖSUNG: Moralisieren macht auf Kinder meist wenig Eindruck: Sätze, die Rücksichtnahme fordern, gehen oft zum einen Ohr hinein und zum anderen wieder raus. Ausführliche Vorträge langweilen ein Kind, machen es aggressiv und animieren es zum Weghören. Vorwürfe haben ebenso wenig Wirkung. Viel wirkungsvoller ist es, nachdrücklich, möglichst sachlich eine Grenze zu ziehen: Begründen Sie in einem Satz, warum ein »Stopp« an diesem Punkt für Sie Sinn macht und warum es Ihnen wichtig ist, dass diese Grenze wahrgenommen wird. Damit machen Sie Eindruck.

»Das ist gelogen!«

Mittags isst der Siebenjährige bei seiner Tagesmutter. Beim Essen gibt er gerne Storys aus der Schule zum Besten. Heute berichtet er von einem Unfall auf dem Schulhof und erzählt ausführlich, wie er dabei Erste Hilfe geleistet habe. Später erfährt die Tagesmutter zufällig durch einen Freund des Jungen, dass kein wahres Wort an der Geschichte ist. Sie berichtet den Eltern des Kindes von der Lügengeschichte und ihrem Verdacht, dass das Kerlchen häufiger flunkert. Was tun?

1. Wehret den Anfängen! Sie nehmen sich den Jungen zur Brust und ziehen eine klare Grenze: »Lügen gibt's bei uns nicht!« Dann sagen Sie deutlich, warum Unwahrheiten uns im Leben nicht weiterbringen, ausgenommen kleine Notlügen, wenn's mal nicht anders geht.

2. Sie machen sich Gedanken darüber, warum der Siebenjährige sich mit Lügengeschichten wichtig macht. Ist er in letzter Zeit in der Familie zu kurz gekommen? Vielleicht braucht er mehr Aufmerksamkeit. Was könnte ihm dabei helfen, wieder selbstsicherer zu werden?

3. Jetzt ist eine Strafe fällig, damit der Junge merkt, dass er mit seinen angeberischen Lügengeschichten nicht durchkommt. Die Lügerei muss Konsequenzen nach sich ziehen, sonst lernt das Kind nie, sich an die Wahrheit zu halten. Sie verbieten ihm deshalb, am Sonntag die geliebte Großmutter zu besuchen, wie es eigentlich verabredet war.

DIE LÖSUNG: Ein Siebenjähriger weiß längst, dass Lügen tabu sind. Eine lange Erklärung können sich Eltern deshalb schenken. Das Gleiche gilt für eine Strafe, die das Kind in keinerlei Verbindung mit dem Geschehen bringen kann – da sie nicht unmittelbar auf das Lügen folgt und damit auch gar nichts zu tun hat. Solche Strafen werden deshalb schnell als Willkür Erwachsener empfunden, die ihre Macht ausspielen wollen. Die Lügengeschichte ist eher als ein Hilferuf zu verstehen: Wahrscheinlich braucht der Junge eher die Nähe und Zuwendung seiner Eltern als eine Strafpredigt. Braucht ihr Interesse an seinen Anliegen. Ihr Verständnis und ihre Anerkennung.

MITTAGSMÜDIGKEIT

Auch Kinder haben schon ihre Durchhänger, ihre »Tagestiefs«, mittags nach dem Kindergarten und der Schule besonders häufig. Daraus ergibt sich oftmals ein Reizklima, in dem Streitereien leicht hochkochen. Wie lässt sich am besten gegensteuern?

»Du tust mir weh!«

Mittagszeit – jetzt ist ein Schläfchen fällig: »Komm auf meinen Arm, ich bringe dich ins Bett!« Kaum thront der eben noch so schläfrige Dreijährige jedoch auf Mutters Arm, zieht er heftig an ihren Haaren. Auch wenn sie laut »Aua, du tust mir weh!« und »Schluss damit!« sagt, hört er nicht auf, sie zu traktieren. Manchmal beißt der kleine Mann sogar mit spitzbübischem Funkeln in den Augen in Mutters Schulter oder kneift sie heftig in die Wange. Natürlich weiß er längst, dass seine Attacken kein Spaß sind. Aber ein spannendes »Vergnügen«: Mal schauen, wie Mama darauf reagiert! Was tun?

1. Sie lassen es dem Sohnemann durchgehen: »Er ist eben ein temperamentvoller Bursche, ein richtiger Junge! Und außerdem ist er noch so klein. Er weiß einfach nicht, wohin mit seinen Kräften!«

2. So geht das nicht! Vor allem das Haareziehen schmerzt wirklich, deshalb setzen Sie das Kerlchen abrupt und nachdrücklich auf den Boden, wenn es Sie wieder attackiert. Gleichzeitig fällt es Ihnen schwer, dem Knaben wirklich böse zu sein, und Sie lächeln heimlich.

3. Mag ja sein, dass der Bursche müde ist, auf sich aufmerksam machen oder einfach nur spielen will – Ihnen reicht es. Sie zeigen Ihre Empörung deutlich und setzen Ihren Sohn auf dem Boden ab: »So nicht!« Später erklären Sie ihm ruhig und liebevoll, warum er nicht beißen, kratzen oder an den Haaren ziehen soll.

DIE LÖSUNG: Beschönigen gilt nicht. Das hilft keinem weiter. Ein Kind hart angehen und gleichzeitig heimlich lächeln (was es sofort spitzbekommt)? Solch eine Doppelbotschaft verunsichert nur: Was gilt denn nun? Verständnis zeigen, gepaart mit konsequenter Abgrenzung führt langfristig zum Ziel, vor allem in Verbindung mit einer kurzen, sachlichen Erklärung.

»Mach keinen Unsinn!«

Nach dem Mittagessen. Die Küche wird aufgeräumt – eine ziemlich langweilige Angelegenheit für einen Dreijährigen. Viel spannender ist es für ihn, einen Hocker Richtung Spülbecken zu ziehen und mit dem Wasserhahn zu spielen: Wasserhahn aufdrehen. Wasserhahn zudrehen. Die Hand unter den Wasserstrahl halten, auf dass das Wasser quer durch die Bude spritzt. Was tun?

1. Sofort handeln. Eingreifen. Egal ob der Junge mag oder nicht, er wird auch gegen seinen Willen auf der Stelle und ohne große Erklärung vom Wasserhahn entfernt, und wenn er noch so protestiert. Hier ist eindeutig Schluss.

2. Sie schreien den Jungen an, in der Erwartung, dass Ihre Lautstärke ihn zum Innehalten bringt: »Hör sofort mit dem Blödsinn auf!«

3. Der Wasserhahn wird von Ihnen zugedreht und Sie drohen: »Wenn du das noch einmal machst, dann setzt es eine!«

DIE LÖSUNG: Schreien, Drohen und Schläge ankündigen sind keine brauchbaren Erziehungsmittel. In heiklen Momenten fällt es ohnehin nicht schwer, eine Grenze zu ziehen: Sie setzen sich durch. In diesem Fall auch ohne Erklärung. Der Junge weiß genau, warum sein Wasserpritscheln sofort ein Ende haben muss.

»Ganz schön berechnend!«

Eine Sensation: Ohne jede Aufforderung nimmt die Siebenjährige den Müllsack und bringt ihn in die Tonne. Anschließend kreuzt sie wieder bei ihrer Mutter in der Küche auf: »Jetzt habe ich eine Belohnung verdient!« Das mit der Belohnung meint sie wirklich ernst. Was tun?

1. Wer Außergewöhnliches vollbringt, also zum Beispiel für das Angstfach Mathe stundenlang lernt, verdient eine Belohnung. Aber wer Alltagspflichten erledigt, wer im Haushalt hilft, braucht für diese Selbstverständlichkeit keine extra Würdigung und Belohnung.

2. Amüsiert nehmen Sie die liebreizende Bitte um Belohnung zur Kenntnis, sagen: »So viel Charme muss belohnt werden!« Sie zücken prompt Ihr Portemonnaie und sagen: »Ausnahmsweise, weil heute die Sonne scheint!«

3. Sie ärgern sich über die Bitte, die in Ihren Augen ziemlich dreist ist. Gereizt sagen Sie: »Und wer belohnt mich dafür, wenn ich die Küche aufräume?«

DIE LÖSUNG: Ärgern und gereiztes Anblaffen vermiesen die Stimmung. Kinder pochen frühzeitig auf ihre Eigenständigkeit und wollen mehr Verantwortung für sich und andere übernehmen. Das heißt: Sie beanspruchen auf der einen Seite mehr Rechte, gleichzeitig sind sie bereit, mehr Verantwortung für die Gemeinschaft, mehr Pflichten zu übernehmen, und zwar ohne besondere Belohnung. Natürlich wickeln Kinder ihre Eltern manchmal mit ihrem Charme ein – kein Problem, wenn Sie ihm mal erliegen, solange das die Ausnahme bleibt.

»Gib dir mehr Mühe!«

Die Mathehausaufgaben sind fällig – ein Graus für den Siebenjährigen. Er schmiert die Aufgaben so schlampig in sein Heft, dass die Zahlen kreuz und quer über die Seite purzeln, statt einigermaßen ordentlich in Reih und Glied zu stehen. Den Vorschlag der Mutter, alles noch einmal sauber abzuschreiben, schlägt er in den Wind. Was tun?

1. »Das wird noch einmal gemacht, und basta!« Sie bleiben bei Ihrer Meinung, denn ganz ohne Zwang läuft es manchmal nicht in der Erziehung.

2. Mit Nachdruck dringen Sie darauf, dass die Zahlenkolonnen noch einmal ordentlich geschrieben werden, erklären geduldig, aber kurz und einprägsam, warum Sie dieser Meinung sind.

3. Sie lassen mit sich reden, geben den Argumenten des Siebenjährigen – »Die Hausaufgaben guckt sich der Lehrer sowieso nie an!« – schließlich nach: »Dann bleibt es eben, wie es ist!«

DIE LÖSUNG: Auf Sätze in Befehlsform, die mit »basta« enden, reagiert ein Kind schnell bockig und erfüllt Erwartungen dann erst recht nicht. Fünfe gerade sein lassen ist oft richtig, aber nicht unbedingt in Schuldingen. Hausaufgaben werden nicht für die Lehrer gemacht, sondern dienen der Fortentwicklung des Kindes! Hier ist vielmehr der sparsame Einsatz elterlicher Autorität gefragt, die Eindruck macht, wenn Druck behutsam dosiert ausgeübt wird und die elterlichen Erwartungen knapp erklärt und plausibel gemacht werden.

→ »Fertig mit den Hausaufgaben?«

Seit zwei Stunden schon brütet die Siebenjährige über ihren Hausaufgaben und kommt einfach nicht zu Potte. Ungeduldig, nervös sitzt Papa daneben und versteht nicht, wieso das Kind so viel Zeit für so wenige Aufgaben benötigt. Von Minute zu Minute wird er kribbeliger. Was tun?

1. Drängen, auf das Tempo drücken. Sie sagen halb belustigt: »Lahm wie eine alte Schnecke! Wenn du so weitermachst, kommst du nie ins Ziel!«

2. Sie verschwinden erst einmal von der Bildfläche und erledigen im Hintergrund eigene Aufgaben in zügigem Tempo, um erstens nicht vor Ungeduld zu platzen und zweitens auch in der Hoffnung, dass sich das Mädchen ein Vorbild an Ihrem Tempo nimmt. Vielleicht steckt das ja an.

3. Sie stellen einen Wecker in Sichtweite. Dann schauen Sie sich die noch zu erledigenden Aufgaben gemeinsam an, lassen das Mädchen die Zeit schätzen, die es für die nächste Aufgabe zu brauchen meint, und schauen später nach, ob es seine Schätzung unterschritten oder überschritten hat.

DIE LÖSUNG: Wenn Sie ungeduldig werden und Ihr Kind drängen, erhöht sich der Druck, und aus den Aufgaben wird erst recht nichts. Dazu kommt: Keiner mag gern ausgelacht werden. Sind alle gereizt, helfen auch Diskussionen nicht weiter, sondern arten schnell in Streit aus, der die Nervosität noch zusätzlich steigert. Hilfreicher: Auf Abstand gehen. Oft arbeitet ein Kind zügiger und selbstständiger, wenn keiner neben ihm sitzt und erwartungsvoll guckt. Das Weckerspiel ist auch eine gute Idee, denn oft braucht ein Kind weniger Zeit, als es geschätzt hat. Diese Erfahrung beflügelt und ist gut für das Selbstwertgefühl.

»Häng nicht herum!«

Wenn er aus der Schule nach Hause kommt, knallt sich der Achtjährige vor den Fernseher und zappt durch sämtliche Programme. Egal was in der Kiste läuft, er bleibt hocken. Mal eine Stunde. Mal anderthalb Stunden. Eine Gewohnheit, auf der er beharrt: »Wieso nicht? Hausaufgaben mache ich später!« Was tun?

1. Nicht gleich eingreifen, denn es ist schließlich wichtiger, dem Jungen nach dem Schulstress seine Freiheit zu lassen, ihm möglichst keine Vorschriften zu machen – auch nicht in puncto Fernsehen. Überlässt man ihm selbst die Entscheidung, lernt er hoffentlich irgendwann, seinen Fernsehkonsum vernünftig zu regulieren.

2. Die Flimmerbilder ziehen magisch an. Nur schwer kommt manches Kind allein davon los – zu faszinierend, was sich auf dem Bildschirm abspielt. Wenn der Junge seinen Fernsehkonsum nicht aus eigenem Antrieb begrenzt, greifen Sie ein, besprechen das Programm mit ihm, wählen Sendungen aus, begrenzen die Fernsehzeit.

3. Sie haben den Jungen oft genug vorgewarnt und gesagt, dass Sie an diesem Punkt keinen Spaß verstehen. Deshalb legen Sie nun einen Riegel vor: »Kein Fernsehen mehr, weil du wirklich übertrieben hast in letzter Zeit!«

DIE LÖSUNG: Ist ein Kind mit seiner Fernseh-Freiheit überfordert, kann es »fernsehsüchtig« werden und die Freude an Bewegung und eigenen Erlebnissen verlieren. Ein hartes Fernsehverbot wiederum macht eher Lust auf mehr Programm und nicht auf weniger Berieselung. Man sollte aus dem Fernsehen kein Riesenthema machen und auch in diesem Punkt einige Freiheit lassen. Mithilfe einer Programmzeitschrift können Eltern den Fernsehkonsum vernünftig regulieren, Sendungen und Fernsehdauer festlegen. Es ist auch sinnvoll, gemeinsam fernzusehen und anschließend über die Sendungen zu sprechen.

NACHMITTAGSVORSTELLUNG

Ein Nachmittag kann lang sein. Eine Zeit, mit der sich viel anfangen lässt! Manchmal macht sich aber Langeweile breit, und Eltern müssen das Kunststück vollbringen, gegen die Nörgellaune ihres Kindes anzukommen. Welche Mittel haben sie?

→ »Warum brüllst du so?«

Winterwetter. Gleich soll es losgehen zum Spaziergang. Der Dreijährige will nur mit roter Mütze auf dem Haupt das Haus verlassen. Die ist aber nicht auffindbar. Deshalb macht der Kleine ein Affentheater. Will nicht mehr nach draußen. Tobt wie Rumpelstilzchen durch die Wohnung. Schlägt um sich. Brüllt. Kein gutes Zureden hilft. Kein Schimpfen. Und auch nicht die nachdrückliche Aufforderung: »Du ziehst jetzt sofort deine Schuhe an und kommst!« Was tun?

1. Sie wollen endlich hinaus an die Luft, haben sich schon den ganzen Morgen darauf gefreut. Und Sie finden, dass Ihr Nachwuchs es offensichtlich auch bitter nötig hat. Sie versuchen also, Gehorsam zu erzwingen – nach der Devise »Wollen doch mal sehen, wer hier am längeren Hebel sitzt«. Sie schreien den Unglückswurm lautstark an: »Du tust jetzt sofort, was ich dir sage!« Mal sehen, ob sich das Bürschchen nicht allein schon durch die Lautstärke und das unüberhörbare Ausrufezeichen in Ihrer Stimme beeindrucken lässt!

2. Das lohnt keinen Streit, sagen Sie sich. Sie lassen sich von dem Gebrüll Ihres Kindes nicht unter Druck setzen und erpressen, sondern bleiben ganz cool, beschäftigen sich weiter mit anderen Dingen. Sie räumen in aller Ruhe den Flur auf, sortieren Mützen und Handschuhe, stellen Stiefel zur Seite und harren so lange aus, bis dem Rumpelstilzchen die Puste ausgeht. Dann gehen Sie ohne ein weiteres Wort zur Tagesordnung über: Wenn sich die rote Mütze nicht auftreiben lässt, muss es eben heute die blaue sein.

3. Als Sie sehen, dass Ihr kleiner Wüterich nicht allein aus seinem Zorn- und Verzweiflungsanfall herausfindet, gehen Sie auf Augenhöhe mit Ihrem Kind, drücken es ganz fest, damit es sich beruhigt, wieder festeren Boden unter den Füßen gewinnt und »auf den Teppich kommen« kann.

DIE LÖSUNG: Hier einen Machtkampf anzuzetteln und zu versuchen, das Kind mit harschen, lautstarken Befehlen in den Griff zu bekommen, würde alles nur noch schlimmer machen. Das Kind steigert sich dann in seine Verzweiflung nur immer mehr hinein. Ein Dreijähriger hat einen langen Atem und ist nicht unbedingt bereit oder fähig, klein beizugeben. Glücklicherweise wissen Eltern, dass sie seinen Willen nicht brechen sollten, und verzichten deshalb auf einen Machtkampf. Oft hilft es, auf Abstand zu gehen, im Hintergrund ruhig, gelassen und ungerührt eigenen Beschäftigungen nachzugehen und dem Wüterich Zeit zu lassen, um sich abzureagieren. Manchmal braucht Ihr Kind in einer solchen Situation auch Ihre Hilfe: Körperkontakt, festen Halt, um wieder auf den Boden zu kommen. Die Kunst besteht darin, für jede Situation das richtige Gespür zu entwickeln.

Erziehungsbasics

AUSEINANDERSETZUNGEN FÖRDERN

Ein Kind, das eigene Ideen entwickelt, das eine eindeutige Meinung hat, das seine Meinung auch klar vertreten kann und durchzusetzen versucht, mag manchmal anstrengend für seine Eltern sein, weil es sie fordert. Aber eigentlich ist ein solches Verhalten des Kindes für die Eltern ein Grund, sich entspannt zurückzulehnen, denn wer so lebendig, so rede- und meinungsfreudig ist, hat das nötige Rüstzeug, um gut durch den Kindergarten und die Schule zu kommen – und durch das ganze Leben.

Wie können Eltern die Diskussionsfreude ihres Kindes zusätzlich anregen? Indem sie …

- → **VIEL ERZÄHLEN**, über ihr eigenes Erleben und Empfinden reden, über Situationen aus ihrem Alltag außerhalb der Familie berichten und das Erlebte zur Diskussion stellen.
- → **IHRE FORDERUNGEN** und Erwartungen **ERKLÄREN** und plausibel begründen (ohne dabei allerdings lange Predigten zu halten) – vom Babyalter an, damit das Kind sich frühzeitig daran gewöhnen kann.
- → **GEDULD HABEN**, sich der Diskutierfreude ihres Kindes stellen, ein Gespräch nicht einfach abbrechen und ihren Gesprächspartner nicht einzuschüchtern versuchen.
- → **GUTE ARGUMENTE IHRES KINDES BEWUNDERN** und seine Klugheit anerkennend hervorheben.
- → **RUHIG AUCH MAL ZUGEBEN**, dass sie selbst mitunter mit ihrer Meinung danebenliegen können.
- → **AUFMERKSAM ZUHÖREN** und wirklich auf das eingehen, was sie zu hören bekommen.

»Triez ihn nicht!«

Sandkastenzeit. Der Dreijährige sitzt gelangweilt mit zwei Altersgenossen in der Sandkiste und lässt lustlos Sand von seiner Schippe in einen Eimer rieseln. Plötzlich hebt er den Eimer hoch und kippt den Sand seinem Kollegen über den Kopf. Das Opfer der Attacke weint erbärmlich. Was tun?

1. Sie halten Abstand, bleiben auf Ihrer Bank in einiger Entfernung von der Sandkiste sitzen und rühren sich nicht von der Stelle – mit der Begründung: »Kinder müssen ihre Konflikte unter sich lösen!«

2. Zuerst wird dem betroffenen Kind geholfen. Sie klopfen den Sand ab, fragen, ob es Sand in die Augen bekommen hat. Dann setzen Sie den Übeltäter allein auf eine Bank und sagen: »Du kannst anderen nicht einfach Sand über den Kopf schütten, das weißt du! Ich habe dich gewarnt: Jetzt kannst du eine Weile nicht mehr mitspielen!« Dann lassen Sie ihn einen Moment auf seiner Bank schmoren.

3. Sie zwingen den Verursacher der Geschichte, sich bei dem betroffenen Kind zu entschuldigen und ein Versprechen abzugeben: »Das tue ich nie wieder!«

DIE LÖSUNG: Ein kleines Kind ist nicht in der Lage, Konflikte mit anderen selbst zu lösen – ein Anspruch, der es überfordern würde. Auch sollten Sie keine Entschuldigung und kein Versprechen erzwingen. Das erzeugt nur Trotzgefühle. Wenn Sie dem betroffenen Kind dagegen Hilfe anbieten und dem Sandkastenmacho eine Auszeit verordnen, macht das schon eher Eindruck!

»Lasst ihn mitspielen!«

Drei Wichte, die sich aus dem Kindergarten kennen, spielen nachmittags zusammen im Garten. Zuerst vertragen sie sich gut. Dann kippt die Stimmung: Der Gastgeber nimmt einen Spezi zur Seite, beginnt mit ihm zu tuscheln. Dann lachen die beiden über den Dritten im Bunde. Die Mutter beobachtet das Ganze von der Terrasse aus. Was tun?

1. Die drei sind alt genug, um die Probleme, die sie miteinander haben, allein zu klären, beschließen Sie und mischen sich nicht ein.

2. Sie greifen ein und schlagen ein gemeinsames Spiel vor, in der Hoffnung, dass sich dabei die Fronten – zwei gegen einen – wieder auflösen.

3. Am Abend, nachdem die zwei Besucher sich wieder getrollt haben, reden Sie mit Ihrem Kind über den Vorgang und versuchen sein Einfühlungsvermögen zu stärken: »Stell dir vor, die beiden anderen hätten die Köpfe zusammengesteckt, über dich gelacht und dich nicht mitspielen lassen. Wie wäre dir dann zumute?«

DIE LÖSUNG: Kein gutes Gefühl für ein Kind, von anderen ausgegrenzt zu werden beim Spielen – eine Erfahrung, die wehtut und hilflos macht. Einen solchen Konflikt ohne die Hilfe Erwachsener zu lösen ist für ein Kindergartenkind noch zu schwierig. Deshalb ist es sinnvoll, erst ein gemeinsames Spiel vorzuschlagen, das die Kinder wieder zusammenbringt, und später über den Vorgang und die verletzten Gefühle des ausgeschlossenen Gastes noch einmal in aller Ruhe zu sprechen.

»Nun ist es kaputt!«

Im Kinderzimmer. Schwester und Bruder streiten um ein Auto. Der Kleine triezt die Große so lange, bis sie ihm das Auto vor die Füße donnert. Das Auto ist hin: Die Räder sind abgesprungen. Darauf großes Jammergeschrei des Dreijährigen. Was tun?

1. Egal ob der Streit eskaliert oder nicht, Sie mischen sich nicht ein, sondern überhören das Gebrüll aus sicherer Entfernung.

2. Sie reißen die Tür zum Kinderzimmer auf, ergreifen sofort die Partei des heulenden Dreijährigen und sagen nachdrücklich zu seiner älteren Schwester: »Was hast du denn nun schon wieder gemacht?«

3. »Was war los?« Beide Kinder werden von Ihnen befragt. Jeder kann seine Sicht darlegen, aber keine endlos langen Geschichten erzählen! Sie ergreifen keine Partei, sondern überlegen gemeinsam mit den Kindern: Wie hätte man den Wutausbruch und das Weinen verhindern können?

DIE LÖSUNG: Raushalten? Das geht, wenn Geschwister in der Lage sind, Konflikte allein zu bereinigen. Oft sind sie im Vorschulalter noch nicht so weit. Wenn Sie dagegen einschreiten, bitte nicht Partei für den Weinenden oder den Jüngeren ergreifen, denn mancher spielt gern das Unschuldslamm. Befragen Sie, ohne Bewertung, beide Kinder, und überlegen Sie gemeinsam: Wie hätte man den Streit verhindern können?

Erziehungsbasics

LOGISCHE KONSEQUENZ STATT STRAFE

Nicht wenige Mütter und Väter meinen, Strafe sei eine brauchbare Methode, um ihr Kind zur Räson zu bringen, wenn es verabredete Regeln umgeht. Bisweilen helfen Strafen auch wirklich: Das Kind ist daraufhin einsichtiger und will sich bessern. Trotzdem haben viele Erziehungsberechtigte ihre Probleme mit Strafen, denn sie klingen nach »Ab ins Bett und keinen Mucks mehr!«, nach Willkür und Machtgehabe. Stimmt, Strafmaßnahmen sind wirklich nicht ohne – aus verschiedenen Gründen:

→ **LENKT EIN MISSETÄTER NUR AUS ANGST VOR STRAFE EIN** und nicht aus Einsicht, wirkt sich das nicht unbedingt positiv und nachhaltig auf sein Verhalten aus. Im Gegenteil: Der Bestrafte reagiert vielleicht wütend mit einem »Jetzt erst recht« und schlägt bei nächster Gelegenheit erneut über die Stränge.

→ **WIRD EIN KIND HÄUFIG BESTRAFT,** verliert diese Maßnahme an Wirkung, weil es längst weiß: Alles halb so schlimm.

Wer zu streng bestraft wird, vielleicht sogar ungerecht, wird skeptisch: Taugen die Großen wirklich als Vorbilder?

Wer oft bestraft wird, fühlt sich der Macht Erwachsener schnell ausgeliefert. Strafen können also die Beziehung, das gute Verhältnis zwischen Eltern und Kind stark belasten, auch weil Bestrafung für manches Kind bedeutet: »Die mögen mich anscheinend nicht mehr!« Deshalb versuchen heute viele Eltern, weitgehend auf Strafen zu verzichten. Aber welche Alternativen gibt es?

→ **DENKEN SIE ZUNÄCHST DARÜBER NACH,** warum ein Kind Abmachungen nicht ernst nimmt. Will es vielleicht auf sich aufmerksam machen, weil es sich zu stark eingeengt fühlt in seiner Familie oder weil es sich zurückgesetzt fühlt hinter seinen Geschwistern?

→ **STRAFEN KÖNNEN SIE DURCH LOGISCHE KONSEQUENZEN ERSETZEN,** die aus dem vorangegangenen Geschehen folgen. Das heißt zum Beispiel: Drohen Sie keinen Taschengeldentzug an für eine schlechte Diktatnote, denn das wird schnell als Willkür empfunden. Schon einleuchtender für einen kleinen Tunichtgut, der an Ihren Nerven zerrt: Streichen Sie einen Stadtbummel, weil die Haushaltspflichten nicht, wie vereinbart, vorher erledigt wurden.

AUCH EINE VERTRETBARE METHODE: Eine Auszeit verfügen. Benimmt sich Ihr Kind mit Absicht daneben, wird es aufgefordert, ein Weilchen auszusteigen: »Wenn du deinem Freund immer wieder sein Auto wegnimmst, kannst du nicht mehr mitspielen und musst dich einen Moment still auf den Sessel setzen!« – »Wenn du deinen Bruder verhaust, musst du ein Weilchen beim Spielen zuschauen und still auf dem Stuhl sitzen!« Die Dauer der Auszeit richtet sich nach dem Alter. Ein Kleiner steigt nur ein kurzes Weilchen aus, ein Größerer länger. Wer eine Auszeit hinnehmen muss, wird nicht beachtet. Wer total querschießt, wird auch mal in ein anderes Zimmer verbannt.

»Was ist denn das für eine Sprache!«

Im Kinderzimmer. Zwei Halunken hocken höchst vergnügt auf dem Boden und können sich kringelig lachen über »witzige« Ausdrücke wie »Pupspudding«, »Kackerkuchen« oder »Ficker!«. Wer sich das anhören muss, ist ziemlich ratlos. Was tun?

1. Diese blöden Wörter sind das Letzte. Sie mögen sie nicht in Ihrem Umfeld ertragen und poltern los: »Schluss jetzt damit, so etwas gibt es bei uns nicht!«

2. Sie schildern Ihre eigenen Empfindungen: »Euch mögen Kraftausdrücke gefallen. Aber mir gefallen solche Wörter wirklich nicht. Ich zucke immer zusammen, wenn ich sie höre, also verschont bitte eure Umwelt damit!«

3. Bloß kein Riesenthema aus der Angelegenheit machen. Die Aufregung lohnt nicht. Sie überhören die Wörter einfach, lassen sie an sich abperlen und vertrauen darauf, dass der Reiz des Neuen bald dahin ist.

DIE LÖSUNG: Schimpfen macht keinen nachhaltigen Eindruck auf Kinder. Deshalb kann man sich das Lospoltern schenken. Wirkungsvoller ist es, die eigenen Empfinden deutlich zu machen. Sich von der Haltung der Kinder abzugrenzen und klar zu sagen, dass diese Wörter verletzend wirken. Andererseits: Im Vorschulalter haben so gut wie alle Kinder ein Faible für Kraftausdrücke – ein Hinweis darauf, dass sie mit Sprache experimentieren. Hält sich das Spiel mit den wüsten Wörtern in Grenzen, ist der Reiz oft wirklich bald dahin, wenn niemand großartig auf das Spiel eingeht. Ohne Publikum wird es bald fade.

»Wo ist dein Zeug?«

Im Kindergarten. Die Kinder werden abgeholt. Ein großes Durcheinander im Flur. »Wo ist meine Mütze? Wo ist mein Schal?« Die Vierjährige ist müde und nicht so ganz bei der Sache. Sie lehnt sich an ihren Papa, will nach Hause und hat nicht die geringste Lust, sich um ihre Siebensachen zu kümmern. Was tun?

1. Weil das Kind sichtlich müde ist, suchen Sie seinen Krempel schnell zusammen. »Brottasche, Mütze, Schal – alles da! Komm, wir können gehen!«, rufen Sie und machen sich mit der Vierjährigen auf den Heimweg.

2. Sie ermahnen Ihre Tochter: »Wieso gibst du nicht besser Acht auf deine Sachen! Jetzt suchst du sie, und ich warte hier auf dich!«

3. Sie helfen, indem Sie konkret nachfragen: »Hast du deine Brotdose dabei? Wo ist denn dein Schal?« Dann achten Sie darauf, dass das Mädchen nachschaut, notfalls die fehlenden Dinge holt, und loben es kräftig: »Alles da. Prima. Dann können wir gehen!«

DIE LÖSUNG: Von einem Drei- oder Vierjährigen kann man nicht verlangen, dass es seine Siebensachen im Griff hat und immer auf alles selbst Acht gibt. Damit ist es noch überfordert. Deshalb ist »Nachhilfe« angebracht, und zwar nicht, indem man dem Kind die Arbeit abnimmt, sondern indem man es anleitet, konkret nachfragt, lobt, wenn es mitzieht, und es vielleicht ein wenig unterstützt, wenn es müde ist.

→ »Du darfst ihn nicht hauen!«

Planschbeckenzeit im Garten. Zwei vierjährige Jungs aalen sich im Wasser. Plötzlich haut der kleinere dem größeren einen Plastikdampfer auf den Kopf. Der Planschbeckenrambo wird verwarnt. Hilft nichts. Er haut weiter. Sie nehmen ihm den Plastikdampfer weg. Hilft nichts. Jetzt wird der Mitspieler mit der Hand gehauen. Was tun?

1. Sie haben den kleinen Rambo vorgewarnt. Jetzt ist es so weit. Sie verordnen eine Auszeit, scheuchen den Angreifer aus dem Wasser und setzen ihn ohne viele Worte in einiger Entfernung auf sein Handtuch.

2. Ein klärendes Gespräch mit den beiden Kontrahenten ist fällig, etwa so: »Warum hast du das gemacht? Warum streitet ihr euch?« Sie versuchen Abmachungen mit den beiden zu treffen: »Wenn das noch einmal vorkommt, ist für euch beide Schluss mit dem Planschen!«

3. Dem anderen Jungen den Dampfer auf den Kopf hauen – das ist ja wohl das Allerletzte. Sie stauchen den kleineren Vierjährigen zusammen und beenden für beide Kinder das Planschvergnügen.

DIE LÖSUNG: Langes Nachfragen und Diskutieren ist in dieser Situation fehl am Platz. Regeln müssen hier auch nicht extra ausgehandelt werden, weil dem Kind klar ist, dass man einem anderen keinen Dampfer auf den Kopf haut. Sicherlich wirkungsvoller als das Zusammenstauchen und sofortiges Badeverbot: Dem kleinen Übeltäter ohne viele Worte kurz und bündig nach zwei Vorwarnungen eine kurze Auszeit verordnen.

»Wieso haust du jetzt ab?«

Zu Hause. Dem Vierjährigen reicht es. Eine Unverschämtheit, dass ihm das Fernsehen verboten wurde. Die Eltern werden schon sehen, was sie davon haben! Der Vierjährige packt sein Ränzel – der Teddy kommt mit –, zieht seine Regenjacke an und macht sich in Hausschuhen auf den Weg. Erst nach einer Weile wird zu Hause bemerkt, dass er auf und davon ist. Was tun?

1. Vorschulkinder wollen die Welt erkunden und zwar immer mehr auf eigene Faust. Deshalb ziehen besonders temperamentvolle und neugierige Kinder gerne los. Weil Sie das wissen, hoffen Sie, dass der kleine Abenteurer bald wieder vor der Tür stehen wird, und wollen ihn dann mit einem Kuss empfangen: »Gut, dass du wieder da bist!«

2. Bei Ihnen läuten sämtliche Alarmglocken. Wo ist das Kind nur hingegangen? Ist ihm vielleicht etwas passiert? Sie verfallen in Panik und machen sich sofort auf die Suche. Während Sie suchen, schimpfen Sie in Gedanken mit dem Ausreißer: »Komm du mir nach Hause!«

3. Sie versuchen ruhig zu bleiben. Fragen telefonisch bei Freunden und Nachbarn nach, schicken die ganze Familie auf die Suche, halten selbst zu Hause die Stellung und machen sich Gedanken darüber, ob das Ausbüxen vielleicht einen besonderen Grund hat.

DIE LÖSUNG: In Panik zu verfallen steigert die Aufregung nur. Kinder im Vorschulalter sind auf Abenteuer aus und ziehen deshalb gerne los – nicht ungewöhnlich, besonders dann nicht, wenn sie sich ungerecht behandelt fühlen. Meist bleiben sie ohnehin in der Nähe. Ist Ihr Robinson allerdings zu lange unterwegs, sollten Sie Freunde und Nachbarn kontaktieren. Wichtig ist es auch, sich Gedanken übers Abhauen zu machen: Fühlt sich der Knabe woanders vielleicht wohler als zu Hause, weil es ihm hier womöglich an Aufmerksamkeit fehlt? Vielleicht sind nach der Rückkehr einige elterliche Extraanstrengungen fällig: »Wie können wir uns intensiver um ihn kümmern?«

→ »Du trägst Dreck herein!«

Im Wohnzimmer, nachmittags um fünf. Quietschvergnügt latscht ein Fünfjähriger mit schmutzigen Turnschuhen durch die offen stehende Terrassentür mitten durch den Raum und merkt noch nicht einmal, dass er eine breite, braune und feuchte Dreckspur auf dem Teppichboden hinterlässt. Was tun?

1. Sie sind stinksauer und fauchen: »Wie oft soll ich dir noch sagen, dass die Schuhe draußen ausgezogen werden!«

2. Die Dreckspur lässt sich später per Staubsauger wieder entfernen. Deshalb sagen Sie dem jungen Mann sehr nachdrücklich und entschieden, mit einer Stimme, die keinen Widerspruch gelten lässt: »Du kannst den Dreck, wenn er getrocknet ist, selbst wieder entfernen!«

3. Jetzt ist auf jeden Fall eine Strafe fällig, und die heißt: »Weil ich jetzt deinen Dreck wegputzen muss, kann ich nicht wie versprochen Pfannkuchen für dich machen! Dafür bist du selbst verantwortlich!«

DIE LÖSUNG: Im Kommandoton angefaucht zu werden bringt ein Kind höchstens dazu, einen Machtkampf zu beginnen. Die beste Lösung: Wer Dreck gemacht hat, entfernt ihn auch wieder. Weigert sich der Verursacher allerdings, kann die Konsequenz sein, dass es wirklich keine Pfannkuchen gibt, weil Sie jetzt zum Staubsauger greifen müssen.

Erziehungsbasics

KINDLICHEN ÜBERREDUNGSKÜNSTEN AUF DER SPUR

Manche Kinder erweisen sich als besonders willensstark und durchsetzungsfähig und zeigen diese besonderen Fähigkeiten nicht nur im Kontakt mit Gleichaltrigen, sondern auch zu Hause. Mit ganz unterschiedlichen Methoden bringen sie ihre Eltern dazu, genau das zu tun, was sie möchten. Ein Kunststück für Eltern, diese Verhaltensmuster zu durchschauen und geschickt gegenzusteuern. Und das haben die kleinen Schauspieltalente alles auf Lager:

- **SIE BITTEN GANZ FREUNDLICH** mit einem tiefen Blick aus unschuldigen Kinderaugen und einem gekonnten Augenaufschlag – mit angeborenem Charme, der reihenweise Herzen bricht.
- **SIE PLÄRREN, MECKERN,** quengeln oder kreischen in den höchsten Tönen und zermürben mit dieser unerträglichen Tonlage jeden. Alle sind froh, wenn endlich Ruhe ist – egal um welchen Preis!
- **SIE STELLEN SICH BETONT DUMM** oder spielen schwaches, hilfsbedürftiges kleines Wesen, das ganz auf die Fürsorge der Großen angewiesen ist.
- **SIE SCHMEICHELN SICH EIN** – so gekonnt, als hätten sie jahrelangen Schauspielunterricht genossen.
- **SIE VERSUCHEN ES MIT BESTECHUNG.** Verleihen ihren Lieblingsteddy oder ihren Plüschaffen, verschenken ein ausgelesenes Buch mit strahlendem Lächeln und weichen damit harte Fronten auf.
- **SIE SCHWÄRZEN ANDERE AN,** erfinden richtige Lügengeschichten, spielen Familienmitglieder gegeneinander aus, spinnen erste feine Intrigen und peilen damit ihr Ziel an.
- **SIE ERPRESSEN IHRE ELTERN** im Beisein Außenstehender.

»Du musst dich wehren!«

Drei sechsjährige Mädchen spielen zusammen im Garten. Plötzlich verbünden sich die zwei Gäste gegen Ihre Tochter und ärgern diese gehörig. Sie wehrt sich kein bisschen, auch wenn sie allen Grund dazu hätte. Wer bei dem Treiben zuschaut, denkt: Raushalten oder eingreifen und die Damen zur Räson bringen? Was tun?

1. Raushalten. Es wird Zeit, dass sich das Kind daran gewöhnt, Konflikte allein durchzustehen, deshalb greifen Sie nicht ein, sondern beschließen: Die kann sich schon allein durchsetzen, die schafft das. Erst wenn sie anfängt zu weinen, braucht sie meine Unterstützung.

2. Sie beobachten aus sicherer Entfernung, was sich zwischen den dreien tut, sprechen später unter vier Augen über Ihre Beobachtungen. Sie ziehen dabei aber nicht über die Angreiferinnen her, sondern sprechen darüber, wie und ob man sich wehren sollte.

3. Sie stellen die falschen Freundinnen zur Rede und sagen: »Ausgrenzen ist gemein! Wenn ihr das noch einmal macht, will ich euch hier nicht mehr sehen!«

DIE LÖSUNG: Eltern sind nicht die Erzieher der Freunde ihres Kindes. Sicherlich müssen sie auch unter Freunden manchmal eingreifen, aber nur bei gravierenden Problemen – und dazu zählt diese Gartengeschichte nicht. Jedes Kind muss die Balance zwischen Angreifen und Nachgeben ausprobieren: ein wichtiger Lernprozess. Deshalb sollten Erwachsene das Geschehen aus sicherer Entfernung im Blick haben und bei Kindern dieses Alters nur im Notfall eingreifen. Auch gut, auf das Ereignis später im Gespräch zurückzukommen.

»Wieder verlegt?«

Die Familie ist in heller Aufregung: Der Jüngste muss zur Flötenstunde aufbrechen, findet in seinem Chaos aber die Flöte nicht. Der Siebenjährige sucht verzweifelt. Keine Spur von der Flöte. Was tun?

1. Sie suchen mit und schimpfen: »Du und dein ewiges Chaos! Hätte ich mir ja denken können, dass du nicht in der Lage bist, auf deine Flöte aufzupassen!«

2. Bloß keinen Stress machen. Wenn die Flöte futsch ist, dann ist das im Moment eben so. Sie wird schon wieder auftauchen. Sie rufen in der Musikschule an und entschuldigen den Knaben.

3. Wenn das Instrument nicht mehr rechtzeitig auftaucht, dann muss Ihr Filius eben ohne Instrument in die Musikschule trotten, sein Malheur erklären und dort gegebenenfalls um ein Leihinstrument bitten.

DIE LÖSUNG: Meckern bringt gar nichts. Persönliche Anschuldigungen verletzen ein Kind nur. Es fühlt sich dann klein und mickrig, und dieses Gefühl ist bestimmt keine Motivation, besser auf das eigene Zeug aufzupassen. Sicherlich ist auch nicht empfehlenswert, dass Mama für den Jungen die Kohlen aus dem Feuer holt. Spürt der Siebenjährige dagegen, dass seine Vergesslichkeit unangenehme Folgen für ihn hat, ist er eher bereit, gegen seine Schusseligkeit anzugehen.

→ »Du musst heute noch üben!«

Fünf Uhr schon, und der Achtjährige hat sich immer noch nicht ans Klavier gesetzt, um zu üben. Das Klavier steht in seinem Zimmer. Der Klavierlehrer kommt ins Haus – welche Chance für den Jungen! Bislang hat er sie genutzt, aber seit ein paar Wochen hat er keine Lust mehr. Er vergisst das Üben. Er will mit dem Klavierspielen aufhören. Was tun?

1. Sie versuchen den Grund der Weigerung zu finden: Warum hat der Junge die Lust verloren? Sie fassen sich dabei auch an die eigene Nase: Hat er wirklich Freude am Klavier gehabt, oder war es eher mein Wunsch, dass er spielt?

2. Nachgeben. Wer sichtlich keine Lust hat, der muss auch nicht Klavier spielen. Also kein Gerede mehr von Chancen, die ergriffen werden sollten, sondern Schluss mit dem Thema Klavier.

3. Vielleicht hilft ein Gespräch weiter, ohne gereizten Unterton in Ihrer Stimme, und Sie erspüren beim Reden, ob die Unlust eine vorübergehende miese Stimmung ist oder ernsthafter Verdruss. Und Sie bieten einen Kompromiss an: »Du machst noch eine Weile weiter und erlebst, wie sich dein Spiel entwickelt. Bleibt es bei deiner Abneigung, hörst du dann auf!«

DIE LÖSUNG: Wer seine Möglichkeiten nicht nutzt, wer gleich aufgibt, wer auf die Nachsicht seiner Eltern bauen kann, der entscheidet sich vielleicht vorschnell. Eine ehrliche Selbstbefragung hilft Eltern weiter, dazu ein Gespräch mit dem Klavierspieler und die Abmachung, noch eine Weile zur Überprüfung des Entschlusses durchzuhalten, um sich der Entscheidung sicherer zu werden.

ABENDRITUALE

Abends ins Bett gehen? Darauf haben die wenigsten Kinder Lust. Schließlich könnte man ja etwas verpassen! Mit allen Mitteln versuchen sie das übliche Gute-Nacht-Ritual hinauszuzögern, indem sie noch einmal richtig aufdrehen. Was hilft am besten dagegen?

»Mit dem Kopf durch die Wand?«

Kein Bad auf die Schnelle, sondern ein Schaumbad wünscht er sich. Mit riesigen Badeschaum-Bergen, allen seinen Badetieren und Booten. Der Dreijährige schimpft und brüllt – ein wilder Trotzanfall erster Güte spielt sich vor der Wanne ab, als sein Wunsch nicht erfüllt wird. Was für ein Geschrei – nicht auszuhalten! Was tun?

1. Auf das Kind eingehen. Ausführlich erklären, dass keine Gelegenheit für ein gemütliches Schaumbad ist, sondern dass es heute ruck, zuck gehen muss, und den Wüterich bitten: »Nun komm schon, führ dich nicht so auf!«

2. Den Jungen mit einem energischen »Schluss jetzt!« und wenigen Worten in seine Schranken weisen: »Ich muss nachher weg, deshalb heute kein langes Badeschaumvergnügen!«

3. Sie schnappen sich den Schreihals, legen ihn sich über die Schulter, und dann ab die Post Richtung Kinderzimmer – heute eben ohne Wasser und Seife. Im Kinderzimmer lenken Sie den Trotzkopf mit Kasperletheater ab: zwei Minuten Krokodil- und Räubergeschichten.

DIE LÖSUNG: Langes Palaver führt selten zum Ziel. Besser: Ein entschiedenes Nein, eine kurze und knappe Erklärung. Bei Trotzanfällen, wenn Worte gar nicht mehr weiterführen, ist eventuell ein Ablenkungsmanöver angebracht: ein Spiel oder Ritual, das die Wogen glättet.

→ »Ab zum Zähneputzen!«

Im Badezimmer ist großes Juchhei mit Wasserspritzen, wie so häufig in letzter Zeit. »Ich will meine Zähne nicht putzen«, heißt das Thema des Abends. Die Dreijährige schmeißt Zahnbürste samt Zahnpasta ins Waschbecken, schaut ihre Mutter herausfordernd an. Was tun?

1. Sie gehen geduldig auf das Kind ein, erklären ausführlich, welchen Sinn das regelmäßige abendliche Zähneputzen hat, um die junge Dame zur Einsicht zu bringen. Zur Belohnung versprechen Sie ihr eine besonders lange Gutenachtgeschichte, die sie sich selbst aussuchen darf.

2. In einem knappen Satz erklären Sie, warum das Zähneputzen sein muss, und versuchen, das Problem kreativ zu lösen. Sie bieten ein Spiel zur Ablenkung an, verwandeln die Zahnbürste zum Beispiel in einen »Bus«, der durch die Gegend schrubbt (über die Zähne), und erzählen dazu eine Geschichte von Leuten, die mit dem Bus eine Reise tun.

3. Eine Strafe wird angekündigt, nach der Devise: »Du kannst es dir aussuchen: Wenn du jetzt nicht den Mund aufmachst und deine Zähnchen putzt, dann gibt es später keine Gutenachtgeschichte! Dann geht's jetzt gleich ab ins Bett und Licht aus!«

DIE LÖSUNG: Indem man eine Belohnung verspricht, kommt man vielleicht das ein oder andere Mal auch ans Ziel, aber auch Kinder haben ein Gespür dafür, dass Bestechung nicht das Wahre ist. Und Drohungen ermuntern einen kleinen Freigeist eher dazu, zu überprüfen, ob die angekündigte Strafe auch wirklich wahr wird. Wenn Eltern dagegen gelassen bleiben, Ruhe ausstrahlen, kompetent erklären, warum Zähneputzen ein Muss ist, macht diese eindeutige Haltung meist Eindruck, erst recht, wenn zusätzlich ein Spiel für gute Laune und Entspannung sorgt.

→ »Wann räumst du endlich auf?«

Am Abend ist Aufräumen angesagt. Die Vierjährige sitzt mitten im Wohnzimmer und kämmt ihre Puppe. Um sie herum türmt sich ein Verhau aus Klamotten und Spielzeug. Ihre Mutter reagiert ziemlich genervt auf das Durcheinander und faucht: »Räum endlich auf, wie oft soll ich dir das noch sagen?« Ungerührt spielt das Mädchen weiter – schließlich stört die Unordnung sie nicht. Was tun?

1. Sie bauen sich vor dem Mädchen auf und fauchen: »Jetzt räum auf, und zwar sofort! Hier wird getan, was ich sage!« Sie bleiben in der Tür stehen, bis das, was Sie angeordnet haben, funktioniert.

2. Weil Sie wissen, dass Sie Ihr Kind nicht zwingen können, zu tun, was Sie gerade für wichtig halten, kombinieren Sie Ihren Wunsch mit einer Ich-Botschaft: »Dir gefällt das Chaos im Wohnzimmer vielleicht. Mir nicht, ich fühle mich in so einer Unordnung nicht wohl. Ich möchte dass du im Wohnzimmer aufräumst. Bring bitte die Dinge dahin, wohin sie gehören!«

3. Sie sagen zu Ihrem Kind: »Wenn du jetzt nicht sofort aufräumst, dann kannst du etwas erleben!«

DIE LÖSUNG: Autoritäre Befehle bringen nichts, im Gegenteil, sie stacheln ein Kind erst recht an. »Wenn-dann-Drohungen« machen ebenfalls selten Eindruck. Was soll das auch heißen: »Dann kannst du etwas erleben«? Besser: Die Fronten klären. Den eigenen Willen in Ich-Form sehr deutlich machen und freundlich an das Kind bringen.

»Wieso schläfst du nicht?«

Im Wohnzimmer. Feierabend. Ihr vierjähriger Sohn ist im Bett. Leider denkt das Kind nicht daran zu schlafen, sondern steht nach ein paar Minuten wieder in der Wohnzimmertür und jammert: »Ich kann nicht einschlafen!« Also das Ganze noch einmal von vorn: »Ab ins Bett, und dann ist Schluss! Jetzt wird geschlafen!« Hilft nichts. Nach wenigen Minuten steht das Kind wieder auf der Matte. Was tun?

1. Ist der Junge bedrückt, beunruhigt durch besondere Ereignisse? Oder mag er einfach kein Ende finden und austesten, ob Sie es wirklich ernst meinen? Sie forschen nach dem Grund für seine Einschlafschwierigkeiten und entscheiden dann, ob Sie noch ein kurzes Gespräch führen oder den Hallodri gleich wieder nachdrücklich retour schicken.

2. Nun reicht es wirklich. Mit erhobener, schon etwas lauterer Stimme schicken Sie das Kerlchen sofort zurück in sein Bett. Jetzt muss kein Gedöns mehr gemacht werden. Jetzt ist eindeutig Schluss, das muss er kapieren.

3. Wie niedlich der Junge in seinem Schlafanzug mit Teddy unterm Arm aussieht. Erziehung hin, Erziehung her – Sie können nicht widerstehen, breiten Ihre Arme aus und sagen: »Komm auf meinen Schoß. Aber nur ein Momentchen!«

DIE LÖSUNG: Wer beim Thema Schlafengehen keine klare Grenze zieht, dem Charme des Kindes erliegt, erschwert ihm den Abschied vom Tag. Wenn es keine ersichtlichen Gründe für die Einschlafschwierigkeiten gibt, sollten Sie mit aller Autorität fordern: »Nun wird geschlafen, Schluss mit Gemütlichkeit und Kuscheleinheiten!« Natürlich kann es auch sinnvoll sein, nach den Ursachen von Einschlafschwierigkeiten zu forschen.

»Betteln bringt nichts!«

Im Kinderzimmer. Das Sternenlied ist gesungen, das Gebet gesprochen, die Geschichte vorgelesen – das Abendritual hat jetzt ein Ende. Jetzt noch der Gute-Nacht-Kuss, und dann Licht aus. Pustekuchen. Die Fünfjährige bettelt: »Bitte noch eine Geschichte!« Was tun?

1. Ruhig und gelassen sagen Sie: »Nein!« Und damit ist klar: Kein Verhandlungsspielraum! Es gibt nur eine Geschichte – das war vorher abgemacht. Das Mädchen weiß genau, dass es Ihnen ernst mit dieser Abmachung war.

2. Warum immer konsequent bleiben? Kleine Extratouren sind die Zuckerstückchen im Alltag, und deshalb sagen Sie: »Na gut, noch eine Geschichte. Ich mache heute mal eine Ausnahme! Aber nur heute, damit das klar ist!«

3. Wer kann schon bittenden Kinderaugen widerstehen. Lachend lassen Sie sich erweichen, legen sich zu der Fünfjährigen aufs Bett und lesen noch eine Geschichte vor.

DIE LÖSUNG: Es fällt keinem leicht, flehenden Kinderaugen zu widerstehen. Aber wer trotz anders lautender Abmachung ständig wortlos nachgibt, wirkt unglaubwürdig. Mehr Eindruck macht es, Kurs zu halten. Kleine Inkonsequenzen sind ab und zu als Ausnahmen von der Regel kein Problem, wenn sie ausdrücklich als Extratour gekennzeichnet sind. So kann sich jeder orientieren.

»Wieso lernst du jetzt noch?«

Acht Uhr abends im Kinderzimmer. Jetzt, kurz vorm Schlafengehen, lernt die Siebenjährige für die Mathearbeit, die morgen ansteht. Ihre Mutter nimmt es mit Grausen zur Kenntnis. Was tun?

1. Wer kurz vor dem Zubettgehen noch in seine Schulbücher gucken muss, kann seine Zeit nicht einteilen. Sie zeigen Ihren Ärger deutlich und sagen: »So nicht, mein Fräulein! Dass du um diese Uhrzeit noch lernst, kommt in Zukunft nicht noch mal vor!«

2. Sie setzen sich zusammen mit Ihrer Tochter hin: Wird ja wohl höchste Zeit, um mit dem Lernen für die Mathearbeit anzufangen – vielleicht bringt ja eine Stunde Lernen noch was!

3. Aus eigener Erfahrung wissen Sie, dass sich Lernstoff besonders gut einprägt, wenn er kurz vor dem Schlafengehen wiederholt wird. Sie nehmen sich aber vor, später noch einmal auf das Thema zurückzukommen.

DIE LÖSUNG: Am Vorabend einer Schulaufgabe noch Zoff? Nicht gerade aufbauend und motivierend für ein Kind. Es bringt aber auch nichts, mit dem Lernen jetzt erst anzufangen. Dafür ist es wirklich zu spät. Nicht zu spät ist es für Wiederholungen, denn man kann sich den Lernstoff, der vorm Zubettgehen noch einmal aufgewärmt wird, gut merken. Es ist auch sinnvoll, das Gespräch über richtige Lerngewohnheiten auf die Zeit nach der Schulaufgabe zu verschieben.

»Wieso Geheimnisse vor mir?«

Am späten Abend im Kinderzimmer. Die Achtjährige schmökert heimlich mit der Taschenlampe unter der Bettdecke in ihrem Buch und wird von ihrem Vater bei der Heimlichkeit ertappt. Das Mädchen ist richtig sauer. Was tun?

1. Sie sehen ein, dass ein Kind dieses Alters seine kleinen Freiheiten braucht und Sie nicht jedes Geheimnis wie ein Detektiv aufspüren müssen.

2. »Ich war doch nicht anders!« Sie erinnern sich an Ihre eigene Kindheit und die kleinen geheimen Welten, in die Sie sich damals zurückgezogen haben. Dadurch fällt es Ihnen leichter, über die kleinen Geheimnisse Ihres Kindes hinwegzusehen und sie ihm zu gönnen.

3. Sie stellen Ihr Kind zur Rede und weisen es darauf hin, dass sich sein Schlafdefizit, bedingt durch die heimliche Leserei, nachteilig auf seine Schulleistungen auswirken wird: »Du hast doch morgen Mathe, wenn du in der Schule müde bist, kannst du dich schlecht konzentrieren!«

DIE LÖSUNG: Wer sein Kind jetzt zur Rede stellt und mit trockener Vernunft daherkommt, verdirbt ihm höchstens den Spaß und bringt es auf diese Weise bestimmt nicht zur Einsicht. Es ist immer hilfreich, wenn sich Eltern in Ihre eigene Kindheit zurückversetzen, weil sie dann besser spüren, wie sich ihr Kind gerade fühlt. Und es stimmt, dass Sie Ihrem Kind seine kleinen Fluchten gönnen sollten, die Freude daran, eigene Wege auszuprobieren. Es ist alt genug, um mehr Eigenverantwortung zu übernehmen.

WOCHENENDVERGNÜGEN

Das Wochenende soll ein Genuss und eine erholsame Zeit werden – die ganze Familie hat diesen Anspruch und gibt sich Mühe, ihn zu erfüllen. Weil alle dank dieser Erwartung leicht angespannt sind, kommt es jedoch gerade am Wochenende häufig zu Konflikten, zu Schwierigkeiten, die Sie geschickt umschiffen können.

»Das geht zu weit!«

Sonntag. Zu Besuch bei den Großeltern. Gemeinsames Kaffeetrinken. Das dreijährige Enkelkind rutscht vom Stuhl. Schokoladenkuchen in der Hand, wandert es durchs Wohnzimmer, hinterlässt eine Krümelspur auf hellem Teppichboden. Die Großeltern halten die Luft an, die Eltern übersehen die Krümel geflissentlich. Das scheint dem Krümelmonster nicht zu passen: Jetzt wischt es seine Schokofinger am Sofakissen ab und schaut sich um: Reagiert immer noch keiner? Was tun?

1. Sie schimpfen: »Wie kannst du nur... warum tust du das?« Sie lassen ein eindrucksvoll lautes Donnerwetter vom Stapel und verlangen dann von dem Mädchen eine Entschuldigung bei den Großeltern.

2. Jetzt ist eine Strafe fällig, denn schließlich weiß die Kleine genau, dass ihre Schokoladenaktion nicht in Ordnung war. Sie schnappen sich die Kleine und sagen nachdrücklich: »Wer so einen Blödsinn macht, bekommt heute keine Gutenachtgeschichte zu hören!«

3. Erst überlegen, dann handeln: Die Großen waren nur mit ihrem Gespräch und nicht mit dem Kind beschäftigt. Wahrscheinlich wollte die Kleine mit ihrem Schokoladenkrümelspiel auf sich aufmerksam machen – also geben Sie ihr die vermisste Zuwendung, sprechen sachlich und ruhig mit ihr und machen ihr klar, warum das Spiel ein Ende haben muss.

DIE LÖSUNG: Schimpfen bringt gar nichts, denn das bedeutet nur: Zum einen Ohr hinein, zum anderen heraus. Sicherlich ist es auch keine gute Idee, eine Strafe anzudrohen, die in keinerlei Zusammenhang mit dem Geschehen steht. Wie soll ein kleines Kind Stunden später noch wissen, warum das Abendritual heute ausfällt? Wichtig ist erstens, den eigenen Anteil an dem Geschehen zu sehen. Zweitens: Leise und konzentriert mit dem Kind zu sprechen – kurz und sachlich. Meistens wirkt das.

→ »Ich bin an der Reihe!«

Am Morgen hat der Papa stundenlang mit seinem fünfjährigen Filius eine Burg gebaut. Jetzt, ein paar Stunden später, steht der Sohnemann wieder auf der Matte und will mit seinem Vater spielen, der nun keine Lust mehr auf gemeinsames Spielen hat und energisch auf den gemeinsam verbrachten Vormittag verweist: »Das muss reichen. Jetzt will ich Zeit für mich haben!« Daraufhin quengelt der Junge: »Nee. Komm mit!« Was tun?

1. Das eigene Handeln selbstkritisch überdenken und eine andere Verhaltensstrategie erwägen: Nicht stundenlang mit dem Filius am Stück spielen, stattdessen lieber häufiger mit ihm spielen und dann vielleicht kürzer.

2. Eine klare Grenze ziehen: »Ich will jetzt meine Zeitung zu Ende lesen und nicht mit dir spielen!« Das Quengeln möglichst überhören.

3. Den Nörgler streng zurechtweisen: »Ich lasse mich nicht von dir unter Druck setzen, das schreib dir hinter die Ohren! Und wenn du das nicht kapierst, verschwindest du in dein Zimmer!«

DIE LÖSUNG: Sich mithilfe von Strenge und Drohungen von den Forderungen des kleinen Nörglers abgrenzen zu wollen bringt gar nichts. Erfahrene Eltern schwören auf diese Formel: Häufigere gemeinsame Spielzeiten, dann auch kürzer, bringen mehr als eine lange gemeinsame Spieleinheit. So könnte man das in Zukunft handhaben. Im Moment kann ein klares Abgrenzen – freundlich, aber bestimmt – auch nicht schaden. Ein Fünfjähriger ist fähig zu kapieren, dass er nicht immer Vorfahrt hat.

»Beschäftige dich allein!«

Sonntagnachmittag im Wohnzimmer. Die Fünfjährige lümmelt im Sessel und guckt Löcher in die Luft. Der Vater des Mädchens ist mit seinem Computer beschäftigt. Die große Schwester sitzt am Esstisch und malt. Mutter liegt auf dem Sofa und liest. Die Kleine langweilt sich, kriecht zur Mama aufs Sofa und jammert: »Ich weiß nicht, was ich machen soll!« Alle Spielvorschläge, die Sie machen, werden in den Wind geschlagen. Was tun?

1. Uns wird schon etwas einfallen! Sie bieten immer neue Anregungen: Mit der Puppe spielen. Den Bauernhof aufbauen. Teddys Geburtstag feiern ... Irgendwann wird ein Vorschlag zünden. Alls nur Geduldssache!

2. »Ich lasse mir nicht auf der Nase herumtanzen! Wenn ich hier keine Ruhe haben kann, gehe ich eben nach nebenan!« Sie verlassen samt Buch das Zimmer und schließen die Tür etwas lauter als normalerweise.

3. Sie stehen auf und sagen nachdrücklich: »Jetzt hol ich den Sack mit der Holzeisenbahn. Mit der Eisenbahn kannst du spielen! Aber ich gehe danach zurück zu meinem Buch und lese weiter, egal was du tust!

DIE LÖSUNG: Ständige Spielanregungen hindern ein Kind daran, eigene Vorstellungen zu entwickeln und sich selbst Spiele auszudenken. Gerade Frust und Langeweile, ein Gefühl von innerer Leere sind dagegen oft der Schlüssel zu eigener Kreativität. Deshalb sollten Sie nicht den Entertainer spielen und sollten dem kleinen Quälgeist keine neuen Vorschläge machen, sondern sich in Zurückhaltung üben. Eine bessere Idee als kurzum das Zimmer zu verlassen: Weiterlesen und dem Kind vorher noch eine kleine Hilfestellung geben – aber nur als Tipp –, damit es in die Gänge kommt.

»Vorsicht, du fällst!«

Auf dem Garagenvorplatz dreht die Fünfjährige Runden auf ihrem kleinen Fahrrad. Ungeduldig und nicht sehr beeindruckt von den bescheidenen Radelkünsten seiner Tochter schaut der Vater zu und denkt: Das müsste sie doch längst viel besser können! Das Mädchen nimmt die skeptischen väterlichen Blicke aus dem Augenwinkel wahr, gerät damit erst recht ins Trudeln, kippt um und weint, obwohl nicht viel passiert ist. Was tun?

1. Ein Kind muss auch Kritik aushalten können, denn das macht stark! Deshalb nehmen Sie kein Blatt vor den Mund und seufzen: »Du kannst ja immer noch nicht richtig Rad fahren!« Danach trösten Sie Ihr Kind wegen des Sturzes.

2. Sie wollen das Selbstvertrauen der kleinen Radlerin stärken, ihr aber kein Theater vorspielen. Deshalb nehmen Sie das Mädchen fest in die Arme, trösten es zärtlich, sagen: »Aller Anfang ist schwer, das wird schon!« und »Dafür kannst du wie ein Hecht im Wasser schwimmen!« Danach animieren Sie es, noch eine Runde zu üben.

3. Ihr verzagtes Mienenspiel beim Zuschauen war wirklich kein Mutmacher. Kein Wunder, dass Ihr Kind unsicher geworden ist. Sie gehen darauf ein und sagen: »Ich hatte Angst, dass du dich auf die Nase legst, und weil ich so blöd geguckt habe, ist das ja auch prompt geschehen. Bitte entschuldige!«

DIE LÖSUNG: Aus Besorgnis neigen Eltern dazu, vorrangig die Schwächen ihres Kindes zu sehen und anzusprechen. Keine gute Idee, denn damit stärken sie sein Selbstvertrauen nicht gerade. Eltern sollten zuerst die Potenziale und Fähigkeiten ihres Kindes sehen und ansprechen. Wichtig ist auch, dass sie eigene Schwächen und gegebenenfalls die eigene Beteiligung an einer kritischen Situation nicht unter den Tisch kehren.

»Hibble nicht so rum!«

Wochenende. Langeweile. Unruhig streicht der Fünfjährige durch die Wohnung – zappelig und ziemlich geladen. Stellt den Fernseher an. Wieder aus. Strolcht in die Küche. Holt sich etwas zu trinken. Saust dann ins Kinderzimmer. Ein gezielter Fußtritt, und der von seinem kleinen Bruder sorgfältig aufgebaute Bauernhof mit lauter Holztieren liegt in Trümmern. Was tun?

1. Sie trösten Ihren Kleinen und reden dann ein ernstes Wörtchen mit Ihrem Großen: »Das geht zu weit! Du kannst deinen Bruder nicht so gemein triezen! Du bleibst jetzt nicht im Kinderzimmer, sondern kommst mit mir in die Küche!« Sie verordnen dem Jungen eine Auszeit, um wieder auf den Teppich zu kommen: ein paar Minuten Stillsitzen auf dem Küchenstuhl.

2. Kein Wunder, dass der Fünfjährige so unausgeglichen und unruhig ist, hat er doch einen anstrengenden, weil unstrukturierten und langweiligen Tag hinter sich! Sie entschuldigen sein ruppiges Auftreten vor sich und vor dem kleinen Bruder. Dann sagen Sie: »Vertragt euch bitte wieder!« Danach verlassen Sie das Zimmer.

3. Der Große muss dem Kleinen später beim Wiederaufbau des Bauernhofes helfen, das ist das Wenigste, was Sie von ihm verlangen können. Außerdem nehmen Sie sich vor, in Zukunft für mehr Ruhe zu sorgen. Der Große ist einfach überdreht. Der Grund: Der vergangene ereignislose Tag war ein einziger Stress für das kleine Energiebündel.

DIE LÖSUNG: Mit einem »Vertragt euch wieder!« lässt sich dieses Problem nicht lösen, und es hilft auch nicht weiter, Entschuldigungen zu bemühen. Unruhige Kinder, die sich selbst nicht im Griff haben, brauchen nicht nur klare Grenzen und eine Auszeit, wenn sie austicken, sondern auch klare Strukturen im Tagesablauf, die ihnen Sicherheit vermitteln. Deshalb ist es ein richtiger Ansatz, für mehr Ruhe zu sorgen. Eine Wiedergutmachung kann auch nicht schaden.

»Hilfst du mir?«

Sonntagnachmittag. Alle machen sich fertig. Ein Ausflug steht an. Vorher ist noch einiges zu tun: Spülmaschine ausräumen, Kaffeetisch abräumen… Wie gut, dass der Sechsjährige hilft, und zwar ohne Extraeinladung. »Vielen Dank!« sagt seine Mutter. »Das hast du gut gemacht!« Der Vater des Knaben hält so viel Anerkennung für übertrieben und kontert: »Das muss doch nicht extra erwähnt werden. Ist doch selbstverständlich, dass der Junge anpackt!« Was tun?

1. Sie lassen sich von den Einwänden nicht beirren und sparen nicht mit Lob, denn die freiwillige Mithilfe im Haushalt muss belohnt werden, nicht zuletzt um ein Kind anzuspornen.

2. Papa hat Recht: Nicht jeder kleine Handgriff im Haushalt muss lobend begleitet werden, sonst verliert das einzelne Lob bald an Bedeutung. Es kommt auf die richtige Dosis an: Anerkennung ja, aber nicht bei jeder Kleinigkeit ein dickes Lob.

3. An Papas Einwänden ist was Wahres dran. Sie nehmen sich vor, Ihr Kind selbstverständlicher in häusliche Pflichten einzubinden, an sein Gemeinschaftsgefühl zu appellieren – ein Hinweis darauf, dass Sie Ihr Kind ernst nehmen, denn Ihre Haltung signalisiert: Du bist ein wichtiger Partner.

DIE LÖSUNG: Ist ein Kind von Anfang an darauf geeicht, für jede Hilfsbereitschaft belohnt zu werden, ist es wahrscheinlich bald auf diese Verstärkung aus und zeigt vor allem dann Einsatz, wenn eine Belohnung winkt. Besondere Leistungen haben allerdings ab und zu eine Belohnung verdient – das ist eine Frage der Abwägung von Fall zu Fall. Und: Wird ein Kind in puncto Hilfsbereitschaft, Pflichtbewusstsein, Gemeinschaftssinn als Partner frühzeitig ernst genommen, ist das gut für sein Selbstwertgefühl.

»Ab nach draußen!«

Sonntagnachmittag. Bislang hat es nur geregnet – das ganze Wochenende hindurch. Jetzt zeigt sich endlich mal die Sonne. Kein Thema allerdings für zwei Stubenhocker, sechs und sieben Jahre alt, die gemütlich vor dem Fernseher sitzen. Ihre Mutter setzt einen Schlusspunkt: »Wenn dieser Film zu Ende ist, gehen wir alle zusammen raus in den Park!« Die beiden Burschen lümmeln sich in den Sesseln, sagen frech »Nee« und drehen den Fernseher lauter. Was tun?

1. Sie lassen nicht locker, erklären kurz und bündig, warum frische Luft und Bewegung gut für die Stimmung und die Gesundheit sind, und scheuchen die Knaben nach Filmende unerbittlich hinaus an die frische Luft.

2. Ihr erster Gedanke: Ich lasse mir nicht von den Jungs auf dem Kopf herumtanzen. Wer uneinsichtig ist, muss merken, dass er so nicht weiterkommt. Also wird der Film nicht bis zum Ende angeschaut, sondern die Glotze gleich ausgedreht mit einem »Das habt ihr jetzt davon!«.

3. Die Sonne wird noch häufiger scheinen. Warum sich den Sonntagnachmittag mit einem Streit vermiesen, lohnt doch nicht! Sollen die Burschen doch fernsehen, wenn sie wollen. Sie lassen den Karren laufen.

DIE LÖSUNG: Wer die Muskeln spielen lässt, seinen Kopf auf der Stelle durchsetzen will, einen harschen Befehlston anschlägt, muss sich nicht wundern, wenn ein Machtkampf beginnt, bei dem sich die Fronten schnell verhärten. Sicherlich erfolgreicher ist es, den eigenen Standpunkt knapp zu erklären und die eigene Linie nachdrücklich zu verfolgen, wenn die Jungen wirklich Bewegung brauchen. Andererseits tut ein Lümmelnachmittag vor dem Fernseher als Gegengewicht auch mal gut, wenn die Kinder im Alltag sonst stark gefordert sind. Das ist eine Sache der Abwägung – von Fall zu Fall mit unterschiedlichem Ergebnis.

»Wer tut mir einen Gefallen?«

Sonntagmittag. In einer Stunde kommt die Oma zum Nachmittagskaffee, wie jeden Sonntag. Es gibt ein kleines Ritual, das die Kinder schon kennen: Einer aus der Familie geht ihr entgegen, um sie freundlich zu begrüßen. Wer ist heute das »Empfangskomitee« und begleitet sie ins Haus? Die Mutter ist mit Vorbereitungen beschäftigt und möchte, dass eines der Kinder diese Aufgabe übernimmt. Der jüngere Bruder duckt sich weg und murmelt: »Kann nicht…« Die ältere Schwester, sieben Jahre alt, springt ein: »Also gut, ich mache mich auf den Weg!«, sagt sie – und fragt ganz charmant und unschuldig: »Gibt's dafür einen Euro?« Was tun?

1. Jetzt bloß keine Grundsatzdiskussion beginnen, sonst ist die Sonntagsstimmung gleich im Keller. Nach einer Auseinandersetzung steht Ihnen jetzt bestimmt nicht der Sinn. Deshalb lassen Sie sich auf den Spaß ein: »Also gut: Handeln wir!« Sie zücken lachend Ihre Geldbörse, fischen 50 Cent heraus, halten das Geldstück in die Höhe und sagen: »Reicht das auch?«

2. Sie rücken augenzwinkernd einen Euro heraus, stolz auf Ihre geschäftstüchtige Siebenjährige, und loben sie: »Ganz schön pfiffig! Du weißt schon, wie du zu etwas kommst!«

3. Auf den Deal lassen Sie sich ganz bestimmt nicht ein. Stattdessen nutzen Sie die Gelegenheit für ein ausführliches Gespräch. Sie diskutieren am Abend mit Ihrer Tochter und Ihrem Sohn über das Geben und Nehmen, über die Suche nach eigenen Vorteilen und über Hilfsbereitschaft – natürlich ohne erhobenen Zeigefinger und moralinsaure Miene.

DIE LÖSUNG: Wer dauernd mit Belohnungen lockt, sich auf einen Handel einlässt, macht aus seinem Kind leicht ein berechnendes Wesen, das vor allem auf seinen Vorteil aus und nur dann hilfsbereit ist, wenn es mit einer saftigen Belohnung für sein Engagement rechnen kann. Die natürliche Hilfsbereitschaft bleibt dabei auf der Strecke. Wer mit Kindern über ihre Vorstellungen von Geben und Nehmen spricht – »Muss das eigentlich immer ganz genau ausgeglichen sein?« – hat die Chance, sie zum Nachdenken anzuregen.

»Du solltest durchhalten!«

Sonntagmittag. Kaltes Nieselwetter. Der Siebenjährige spielt im Verein Fußball. Jetzt muss er sich für ein Spiel fertig machen. Aber bei diesem Wetter Fußball spielen? Er hat keine Lust aufzubrechen, will lieber zu Hause bleiben und nölt: »Ich höre auf! Dauernd muss ich am Sonntag Fußball spielen, das wird mir langsam zu blöd!« Ein Augenblickswunsch oder ernsthafter Verdruss? Die Eltern sind ratlos. Was sollen sie dazu sagen? Was tun?

1. Sie wollen nicht jedem Augenblickswunsch gleich nachgeben. Sie halten dagegen, erinnern Ihr Kind an geltende Abmachungen: »Wer im Verein spielt, hat sich verpflichtet, auch sonntags anzutreten! Du kannst die anderen doch nicht hängen lassen, schließlich seid ihr ein Team! Geh schon! Wenn du zurück bist, sollten wir noch einmal über alles sprechen.«

2. Unbeeindruckt bleiben Sie konsequent und machen dem Nörgler Beine: »Beeil dich endlich ein bisschen. Du musst los! Und wo zum Donner sind eigentlich deine Fußballsachen?«

3. Der Junge muss selbst wissen, was er seinem Fußballclub schuldig ist oder nicht. Sie überlassen ihm also die Entscheidung. Sie geben ihm allerdings einen Rat: »Gib deiner Unlust nicht zu schnell nach. Einmal schwänzen mag ja möglich sein, aber häufiger? Dann musst du aus dem Verein austreten. Überleg dir, ob du das wirklich willst!«

DIE LÖSUNG: Jedes Kind will ernst genommen und nicht mit einem simplen »Du musst!« abgespeist werden. Mischen sich Eltern ein, sollten sie ihre Ratschläge begründen und ein Gespräch suchen. Sollten sie einem Siebenjährigen seine Entscheidung abnehmen? Ja, wenn er selbst die Entscheidung nur aus Unlust und schlechter Laune treffen würde: Dann muss er einfach ran, bis er in der Lage ist, eine Entscheidung aus eigener Überlegung heraus zu treffen. Nein, wenn seine Entscheidung durchdacht ist. Auf der einen Seite Freiheit lassen, auf der anderen sich einmischen – ein Spiel, das von Fall zu Fall immer wieder neu ausbalanciert werden muss.

→ »Sei nicht so zaghaft!«

In der Bäckerei. Seit einer Ewigkeit schon wartet die Siebenjährige mit dem Stoffsack in der einen und Geldbörse in der anderen Hand vor der Theke, um Brötchen für das Samstagfrühstück zu kaufen. Plötzlich drängelt sich ein Riese vor und brüllt: »Zehn Vollkornbrötchen!« Wieder ist sie nicht zum Zuge gekommen. Ihre Mutter, die draußen im Auto sitzt und den Vorgang beobachtet, ist unsicher: Eingreifen oder die Situation laufen lassen? Was tun?

1. Sie machen der Siebenjährigen hinterher Vorwürfe, dass sie nicht massiver dagegengehalten und dass sie sich zu viel gefallen lassen hat. Sie schärfen ihr ein, sich das nächste Mal durchzusetzen mit einem entschiedenen »Jetzt bin ich an der Reihe!«.

2. Sie machen Ihrem Kind in einem kurzen, freundlichen Gespräch klar, dass man nicht kuschen, sich klein machen, sondern seine Position vertreten sollte. Bei der nächsten passenden Gelegenheit, etwa im Gasthaus oder beim Einkaufen, kommen Sie auf das Thema zurück und lassen Ihr Kind in einer entsprechenden Situation erneut üben.

3. Sie necken das Mädchen freundlich, wenn es mit der Brötchentüte naht: »Mussten die erst noch gebacken werden?« Dann ermuntern Sie Ihr Kind: »Du musst manchmal schon eine frechere Lippe riskieren, sonst bekommst du nie, was du willst!«

DIE LÖSUNG: Vorwürfe bezüglich des Durchsetzungsvermögens bewirken wenig, weil sie verletzen oder Trotz hervorrufen. Empfindsamere Gemüter lassen sich auch nicht gern auf die Schippe nehmen, weil sie sich dann nicht ernst genommen fühlen. Ein nachgeschobener »Du-musst«-Satz trägt ebenfalls nicht zu einer Änderung des Verhaltens bei. Ihr Kind denkt sich dann höchstens im Stillen: »Ihr Erwachsenen habt ja leicht reden!«. Eltern können ihrem Kind dagegen immer wieder in ganz unterschiedlichen Alltagssituationen zeigen, wie man klar seine Meinung sagt, für die eigenen Interessen eintritt, ohne dabei unverschämt und rücksichtslos zu sein.

»Kein Taschengeld mehr?«

Wer weiß, wie lange der heiß ersehnte Film noch im Kino läuft … »Ein Superfilm soll das sein, das sagen alle, die ihn schon gesehen haben!« Der Achtjährige will unbedingt am heutigen Samstagnachmittag mit seinen Kumpeln ins Kino, hat aber sein komplettes Taschengeld schon verpulvert. Und leider ist die nächste Rate Taschengeld erst am morgigen Sonntag fällig. Jetzt liegt er seinen Eltern in den Ohren und bittet um einen Vorschuss: »Bitte, bitte!« Was tun?

1. Sie machen eine Ausnahme von der Regel und gewähren Ihrem kleinen Filmfan seine dringende Bitte – jedoch nur in Verbindung mit folgendem Hinweis: »Ausnahmsweise bekommst du einen Vorschuss. Das gilt aber nur diesmal und nur einmal, denn vom Schuldenmachen halte ich gar nichts! Auf Dauer musst du lernen, deine Moneten besser einzuteilen und mit deinem Taschengeld auszukommen!«

2. Das Haushalten wird das Bürschchen sicherlich noch früh genug im Leben lernen, spätestens im Erwachsenenalter. Warum so strikt sein? Der Ernst des Lebens kommt noch früh genug!

3. Sie bleiben bei Ihrer eigenen Linie, und die heißt: Der nächste Taschengeldtermin ist erst am morgigen Sonntag und nicht heute. Wer sich sein Geld nicht vernünftig einteilen und damit haushalten kann, muss eben aus Schaden klüger werden.

DIE LÖSUNG: Im Umgang mit seinem Taschengeld übt ein Kind frühzeitig, mit Geld umzugehen. Bei diesem Lernprozess braucht es immer wieder Anleitung durch Erwachsene, die auch darauf achten, dass verabredete Regeln wie etwa »Neues Taschengeld gibt es erst am Sonntag!« eingehalten werden. Zu viel unerbittliche Strenge kann allerdings die Eltern-Kind-Beziehung belasten und das Familienklima vermiesen. Deshalb sind seltene, liebenswerte Ausnahmen von der Regel, die als solche deutlich gekennzeichnet werden, angenehme Sahnehäubchen im Alltag – Balsam für die Seele.

»Grenzt ihn nicht aus!«

Im Flur bauen die zwei Brüder, sieben und neun Jahre alt, aus Bauklötzen eine Riesenstadt. Als ihre kleine Schwester naht und mitspielen will, bekommt sie eine rüde Abfuhr: »Hau ab, wir können dich hier nicht gebrauchen!« Heulend sucht die Sechsjährige Schutz bei ihren Eltern. Was tun?

1. »Ihr lasst sie mitspielen!« Sie mischen sich ein, denn in diesem Punkt kennen Sie kein Pardon: »Ausgegrenzt wird nicht!«

2. Sie reden später mit den beiden Knaben über ihr Verhalten, wenn Sie allein mit ihnen sind. Sie regen zum Nachdenken an: »Überlegt mal, wie ihr euch fühlt, wenn ihr zurückgeschubst werdet!« Sie ermutigen die Jungs, das Mädchen häufiger in ihr Spiel einzubeziehen.

3. Sie greifen ein, nehmen das Mädchen zur Seite und sagen: »Lass die Dösköppe doch! Wir machen unser eigenes Ding! Wir schauen uns zusammen Bücher an oder essen Kuchen ...!«

DIE LÖSUNG: Mit Befehlen und Vorwürfen lässt sich kein Wohlverhalten erzwingen, sondern höchstens ein »Jetzt-erst-recht«-Gefühl auslösen. In einem kurzen Gespräch können Sie mehr erreichen. Schärfen Sie dabei das Einfühlungsvermögen der Kinder. Auch nicht falsch: dem Mädchen einen kleinen Ausgleich bieten zum ruppigen Benehmen seiner Brüder.

»Nicht so patzig!«

Die Achtjährige wird gebeten, die im Flur verteilten Sportsachen wegzuräumen, die sie dort nach der sonnabendlichen Tennisstunde abgelegt hat. Das Mädchen kickt die Klamotten schwungvoll unter die Treppe und brüllt: »Mach doch selber Ordnung!« Was tun?

1. Nachdrücklich und in sachlichem Ton geben Sie der Achtjährigen zu verstehen, dass Sie nicht angebrüllt werden wollen: »Ich mag das nicht!«

2. Sie treten entschieden auf und bestehen nachdrücklich darauf, dass die Sportklamotten weggeräumt werden, da sie nicht in den Flur gehören.

3. »So geht's nicht!«, denken Sie. Sie bauen sich vor der kleinen Sportlerin auf und sagen: »Wenn du mich noch einmal so anschnauzt, dann kannst du wirklich was erleben!«

DIE LÖSUNG: Drohungen bringen nichts – erst recht nicht, wenn sie im Ungewissen enden: Was kann man denn dann erleben? Das animiert zum Ausprobieren. Da jedes Kind Grenzen austesten will, sollten Sie ihm seine Grenzen zeigen: sowohl deutlich sagen, dass Sie nicht angeschnauzt werden wollen, als auch bei Ihrer Forderung zum Aufräumen bleiben.

→ »Warum so aggressiv?«

Die Zehnjährige knallt nicht nur mit der Tür, sondern mault und motzt, weil sie an einem gemeinsamen Familienessen teilnehmen soll. Bis vor kurzem ein freundliches Kind, lieb und brav, rastet das Mädchen in jüngster Zeit immer wieder aus. Was tun?

1. Ratlosigkeit macht sich breit. Sie sind verunsichert, denn solch wütende Anfälle Ihres Kindes sind Ihnen bisher vollkommen fremd. Sie verurteilen dieses Verhalten und sagen ganz entschieden: »Reiß dich zusammen!«

2. Sie fragen sich: »Wieso plötzlich diese Ausbrüche? Habe ich zu viel Harmonie gepredigt, zu wenig Auseinandersetzung zugelassen?«

3. »Konflikte werden bei uns friedlich gelöst!« Sie knöpfen sich Ihre Tochter vor und erinnern sie daran, was zu Hause gilt: »Gestritten wird nicht!«

DIE LÖSUNG: Appelle wie »Reiß dich zusammen!« oder Bewertungen wie: »Man rastet nicht aus!« machen noch wütender, weil man sich dann als Kind unverstanden fühlt. Mehr bringt es, zu reden, auch mal Aggressionen zuzulassen, denn keiner kann nur friedlich sein. Wer Selbstbetrachtungen anstellt, erkennt vielleicht auch eigene Verhaltensmuster und Schwächen und kann entsprechend gegensteuern.

Erziehungsbasics

AGGRESSIONEN – DER RICHTIGE UMGANG MIT SCHLÄGERTYPEN UND MINIRAMBOS

Kinder, die alle naselang zuhauen, sind ein Thema für die Erwachsenen und für die Spielkameraden in ihrem Umfeld. Doch was steckt hinter diesen Aggressionen?

Auch wenn Erwachsene Aggression verurteilen: Manchmal erkundet ein Kind mithilfe dieses Mittels, wie groß sein Spielraum ist, welchen Stand es in einer Gruppe hat, ob und wie es sich vor Überbehütung oder Vernachlässigung schützen kann. Jedes Zuschlagen, Kratzen, Beißen und Losbrüllen hat einen Grund, sagen die Experten. Besonders häufige Ursachen für aggressives Verhalten:

→ **AGGRESSION, UM GRENZEN AUSZUTESTEN.** Ein Dreijähriger räumt im Supermarkt Kekssschachteln in den Einkaufswagen. Seine Mutter verbietet es. Nützt nichts. Der Junge macht weiter, schaut dabei seine Mutter an: Meint sie, was sie gesagt hat? Kann ich vielleicht noch ein bisschen weiter gehen?

→ **AGGRESSION, UM KONTAKT AUFZUNEHMEN.** Zwei Brüder, einer fünf, einer sechs Jahre alt, kämpfen verbissen miteinander. Ineinander verkeilt kugeln sie durchs Zimmer wie zwei junge Katzen. Beim Balgen kommen sie spielerisch in Kontakt.

→ **AGGRESSION, UM ZUWENDUNG ZU ERFAHREN.** Ein Vierjähriger kneift seinen Babybruder in die Wange. Er hat was gegen den Kleinen, weil der von den Eltern besonders viel Aufmerksamkeit bekommt.

→ **AGGRESSION, UM SICH ZU WEHREN.** Eine Vierjährige haut einem Kindergartenkollegen ihre Brottasche auf den Kopf, weil sie bei dem Spielkameraden und seinen Freunden nicht mitspielen darf.

Mit den Aggressionen ihres Kindes richtig umzugehen ist nicht leicht für Eltern. Oft sind sie einfach erschrocken über das zornige Verhalten, empfinden ihr Kind wie ausgewechselt.

Einerseits wollen Eltern aggressives Verhalten nicht durchgehen lassen, lehnen Aggression durchwegs ab. Anderseits möchten sie ihrem Kind zugestehen, auch mal richtig sauer und wütend zu sein, sich auszutoben und abzureagieren. »Wann soll ich eingreifen, wann nicht?« heißt die Frage, die sie sich stellen.

Wenn Sie zu einem Streit hinzukommen und nicht genau wissen, worum es dabei geht, sollten Sie die Situation erst einmal einzuschätzen versuchen: Manchmal zeigt sich auf den zweiten Blick, dass es sich um spielerische Kontaktaufnahme handelt.

Einige Tipps dazu, wann Erwachsene in einer offensichtlichen Konfliktsituation eingreifen sollten:

- **WENN EIN STREIT ESKALIERT,** einfach ausufert.
- **WENN EIN BETEILIGTES KIND WEINT** und verzweifelt ist.
- **WENN VERLETZUNGSGEFAHR DROHT,** etwa beim Raufen auf einer Wiese, die mit Stacheldraht umzäunt ist.
- **WENN STARKE SCHWÄCHERE ANGREIFEN** oder wenn die Angreifer in der Überzahl sind. Äußerlichkeiten täuschen hier manchmal: Wer klein ist, ist nicht automatisch der Schwächere!
- **WENN KINDER MIT ABSICHT GRENZEN ÜBERTRETEN,** nach der Devise: »Mal gucken, was dann passiert.«

Ein gewisses Maß an Aggression ist in der kindlichen Entwicklung normal und auch nötig. Von einem »aggressiven Kind« sprechen Fachleute erst, wenn es nur noch über körperliche oder verbale Angriffe Kontakt aufnimmt oder »handfeste« Aggressionen wie Schlagen und Beißen über sechs Monate und mehr auslebt. Die Eltern des Kindes sollten in diesem Fall einen Kinderpsychologen um Rat fragen.

»Ihr spinnt wohl!«

Samstagnachmittag auf dem Bolzplatz. Vier Zehnjährige spielen Fußball. Der Größte aus der Runde gibt Ihrem Kind, dem Kleinsten, eine Torvorlage, doch der vergibt die »hundertprozentige Torchance« und schießt daneben. Daraufhin wird er von seinem Kumpan als Volltrottel beschimpft. Außerdem wird ihm gleich darauf mit Vollkraft ein Ellenbogen in die Seite gerammt. Die übrigen Spieler lachen nur darüber und geben ihre Kommentare ab. Was tun?

1. Eingreifen. Sie beenden den Kampf, knöpfen sich die aggressiven und rücksichtslosen Pappenheimer vor. Freundlich, aber bestimmt versuchen Sie mit ihnen über ihr Verhalten und ihre groben Fouls zu sprechen.

2. Fußball ist halt ein harter Sport, und Zehnjährige brauchen keine erwachsenen Streitschlichter mehr, die sich in ihre Angelegenheiten einmischen. Sie müssen schließlich in der Lage sein, ihre Konflikte allein zu regeln. Deshalb halten Sie sich raus.

3. Sie verbieten Ihrem Kind schlicht und einfach, wieder mit diesen ungehobelten Burschen zu spielen.

DIE LÖSUNG: Nicht alle Menschen sind gutmütig und nett – das gilt für Erwachsene ebenso wie für Kinder und Jugendliche. Deshalb müssen Kinder lernen, auch mit schwierigeren Menschen umzugehen. Dabei können sie nicht in jeder Situation, bei allen ihren kleinen und großen Unternehmungen auf die Hilfe der Eltern oder anderer Erwachsener bauen. Also sollten Eltern nicht gleich mit Umgangsverboten kommen, wenn die Spielkameraden ihres Kindes ihnen nicht allzu vertrauenswürdig vorkommen. Aber sich stattdessen ganz raushalten? Eigentlich sind die Kinder mit zehn Jahren wirklich alt genug, um ihre Konflikte selbst zu regeln. Aber dieser Konflikt ist eskaliert, ist kein normales Gerangel mehr: Hier geht es um Gewalt, und da sollten Erwachsene eingreifen. Erstens, um Schlimmeres zu verhindern, und zweitens, um mit den Burschen in Kontakt zu kommen. Vielleicht erfahren Sie dann mehr, denn Kinder, die Probleme machen, haben meist selbst welche.

REISEVERGNÜGEN MIT TÜCKEN

»Wann sind wir denn endlich da?« – Mütter und Väter machen sehr häufig die Erfahrung, dass ihr Kind unterwegs schnell reisemüde wird, sich auch mit Spielen nicht mehr ablenken lässt und dann entsprechend unleidlich wird – und das bedeutet Stress für alle gleichermaßen. Wie können Eltern ihm helfen, seinen Frust zu überwinden?

→ »Mischt euch nicht ein!«

Im Auto unterwegs zu den Großeltern. Die beiden Kinder sitzen hinten, Mutter und Tante vorn. Die Erwachsenen streiten sich. Dauernd streiten sie sich. Manchmal dürfen die Kinder deshalb wochenlang die Tante nicht besuchen. Die Kinder wollen den Streit schlichten. Aber sie sollen sich nicht einmischen. Vorn im Auto also Zank und Streit. Hinten nun betroffenes Schweigen und leises Weinen. Was tun?

1. Dieser Streit ist eine Sache zwischen Ihnen und Ihrer Schwester. Sie verbitten sich die Einmischung und sagen streng zu den Kindern: »Das ist unsere Angelegenheit! Mischt euch da bitte nicht ein!«

2. Immer weiß Ihre Schwester alles besser. Immer mischt sie sich ein. Im Rückspiegel suchen Sie den Blickkontakt mit Ihren Kindern und sagen: »Ich bin doch im Recht, findet ihr nicht?«

3. Sie wenden sich den Kindern kurz zu und sagen: »Wir sind einfach sehr unterschiedlicher Meinung. Manchmal müssen wir einfach streiten, um uns zu einigen! Aber wir vertragen uns auch wieder!«

DIE LÖSUNG: Kinder fühlen sich leicht für viele Probleme verantwortlich. Daher leiden sie unter Streitereien der Erwachsenen und wollen schlichten. Um ihnen Schuldgefühle und ein Gefühl von Traurigkeit zu ersparen, sollte man ihnen weder den Mund verbieten noch sie in den Zank einbeziehen, sondern ihnen sagen, dass Streit manchmal sein muss, auch Positives in sich birgt. Erklären Sie ihnen, dass Offenheit ein Plus ist.

»Müsst ihr immer streiten!«

Im Auto unterwegs. Die beiden Schwestern, sieben und neun Jahre alt, liegen sich schon wieder in den Haaren. Ein wüstes Geschrei, ein wildes Gezanke – nicht auszuhalten! Erst recht nicht für den Fahrer zu ertragen, der den Wagen gerade durch dichten Großstadtverkehr lenken und sich höllisch konzentrieren muss. Was tun?

1. Nicht hinhören. Nicht hinschauen. Sie konzentrieren sich auf den Straßenverkehr und sagen: »Ihr seid schließlich nicht blöd, und ihr seid alt genug, um eure Händel selbst zu regeln!«

2. Ihnen wird das Geschrei zu bunt. Sie fahren rechts ran, steigen aus, öffnen die hintere Wagentür, bitten die Streithühner auszusteigen und ihre Streitereien draußen untereinander zu regeln. Sie nehmen derweil wieder im Wagen Platz und warten geduldig.

3. So viel Krawall zu veranstalten, während Sie den Wagen durch den Verkehr bugsieren müssen – eine Unverschämtheit. Sie halten bei der nächsten Gelegenheit an, greifen entschlossen ein und verurteilen die Ältere, weil sie es war, die den Streit vom Zaun gebrochen hat.

DIE LÖSUNG: Streit unter Geschwistern gehört zum Familienleben wie das Salz in die Suppe – kein Grund sich aufzuregen. Spielen Sie nicht den Richter, und ergreifen Sie nicht Partei, denn die Kinder sind wirklich alt genug, um ihre Händel selbst zu beenden. Lieber cool bleiben und sich nicht einmischen. Und wenn sich die Herrschaften auf der Rückbank gar nicht mehr beruhigen wollen, einfach anhalten: »Bitte aussteigen, bis ihr euch wieder beruhigt habt!«

»Der reinste Macho!«

Im Auto unterwegs. Passagier ist heute ein nerviger Besserwisser, der sich mit seinen acht Jahren hinten im Auto breit macht, seiner Mutter mit Kennermiene sagt, wo's langgeht, und meckert, wenn sie nicht umgehend das tut, was er rät: »Jetzt kannst du in die linke Spur wechseln!« Oder: »Warum gibst du nicht Gas? Die Ampel hättest du noch locker geschafft!« Was tun?

1. Im Rückspiegel suchen Sie den Blickkontakt mit der Nervensäge, lächeln Ihr Kind freundlich an, hoffen, dass Ihr gelassenes Grinsen Wirkung zeigt und für Entspannung der Situation sorgt.

2. Sie sagen ruhig und sachlich: »Ich fahre so, wie es mir gefällt!« Dann atmen Sie tief durch, beißen sich fest auf die Lippen, sagen keinen Pieps, lassen sich nicht provozieren und fahren so weiter, wie es Ihnen genehm ist. Sie reagieren einfach nicht auf den Minimacho – in der Hoffnung, dass ihm seine Hiebe langweilig werden, wenn sie ins Leere stoßen.

3. Das kommt Ihnen gerade recht: eine ideale Situation, um sich den Knaben mal vorzuknöpfen. Im Auto angeschnallt, kann er nicht ausbüxen und muss sich Ihren Grundsatzvortrag über machomäßiges Verhalten kleiner Männer anhören. Für Sie endlich mal die Gelegenheit, das loszuwerden, was Sie ihm schon lange sagen wollten.

DIE LÖSUNG: Vorträge, Predigten und langatmige Ausführungen sind Kindern verhasst – diese endlose Flut von Worten finden sie einfach fürchterlich und stinklangweilig. Vor allem, wenn sie den Ausführungen machtlos ausgeliefert sind, etwa bei einer Autofahrt. Da schalten sie sofort ab. Wirkungsvoller wäre es, Gelassenheit zu zeigen. Sie können Ihrem Kind entweder mit Humor und liebevoller Gestik und Mimik signalisieren: »Du bist auf dem Holzweg; das Motto des Tages lautet heute: Leben und leben lassen!« Je nachdem, wie Sie die Situation einschätzen, können Sie aber auch eine andere Möglichkeit wählen – Sie gehen mit einer kurzen Ich-Botschaft auf Abstand und verdeutlichen damit dem kleinen Besserwisser: »Das ist mein Ding. Du pfuschst mir dabei nicht ins Handwerk!«

»Zickenterror!«

Hinten im Auto müssen sich zwei Schwestern, neun und sieben Jahre alt, die Rückbank teilen. Normalerweise vertragen sich die beiden recht gut, aber heute ist anscheinend kein normaler Tag: Die Ältere ist wie vom Affen gebissen. Als die Jüngere fröhlich von einem Geburtstag berichtet, den sie mitgefeiert hat, macht die große Schwester, schlecht gelaunt und offensichtlich auf Ärger aus, lauter abfällige Bemerkungen, wie etwa: »So ein Scheiß!« oder »Doofer Kinderkram!« Sie legt es darauf an, ihrer kleinen Schwester alles gründlich zu vermiesen. Was tun?

1. Sie sagen sich: »Die jüngeren Kinder sind nicht automatisch kleine, schwache Wesen, die man vor den älteren beschützen muss.« Solange die Siebenjährige nicht weint, greifen Sie nicht ein, sondern vertrauen darauf, dass sie sich zu wehren weiß und mit den Attacken der Älteren irgendwie klarkommen wird. Später, am Ziel der Autofahrt angekommen, bieten Sie Ihrer älteren Tochter ein Gespräch unter vier Augen an und sagen klar und deutlich, warum Ihnen ihr Verhalten missfallen hat.

2. »Spaß verderben gibt es nicht!« Sie zeigen energisch eine Grenze auf: »Jetzt ist sofort Schluss mit dieser Miesmacherei! Außerdem möchte ich mich aufs Autofahren konzentrieren!« Ihre Stimme lässt keinerlei Widerspruch zu.

3. Sie reagieren sofort auf das nervige Gezeter hinten im Wagen, zeigen Ihre Empörung deutlich, nehmen Ihre jüngere Tochter in Schutz und putzen die ältere herunter: »Was soll denn dieses Herumgezicke? Warum führst du dich plötzlich so auf?«

DIE LÖSUNG: Wer ein Kind herunterputzt, hat wenig Chancen, sein Verhalten auf diese Weise zu verändern. Sich einmischen ja oder nein – das ist in vielen Situationen eine Gratwanderung. Sicherlich richtig, hier nicht gleich einzugreifen, damit die Siebenjährige lernt, sich gegen die Schwester durchzusetzen. Wichtig ist es auch, mit der Älteren zu reden, denn wer sich so zickig verhält, der hat Probleme. Hört das Gezanke allerdings gar nicht mehr auf, sollten Sie eine Grenze ziehen.

Erziehungsbasics

SPIELE, DIE DAS SOZIALE LERNEN UNTERSTÜTZEN

Mithilfe von unterschiedlichen Spielen und Ritualen können Eltern ihr Kind mit wichtigen Regeln vertraut machen und es in der Entwicklung seines sozialen Verhaltens fördern.

→ **ROLLENSPIELE.** Sie spielen zu zweit oder zu dritt typische Situationen aus dem Familienalltag nach. Wer verhält sich wie, und warum tut er das? Wer sollte sein Verhalten ändern? Auch mit Stofftieren, mit Handpuppen können Sie Rollenspiele machen. Sie spielen vor, Ihr Kind schaut zu. Später werden die Rollen getauscht. So gewinnen Sie beide etwas Distanz zum Geschehen und sehen es mit anderen Augen. Entwickeln Verständnis für Sichtweise und Verhalten des anderen. Außerdem machen Rollenspiele Spaß, und Humor trägt bekanntlich zur Konfliktlösung bei.

→ **GESELLSCHAFTS- UND BRETTSPIELE.** Ob Dame, Schach, Mensch ärgere Dich nicht, Halma oder Monopoly – viele Spiele spiegeln das gesellschaftliche Leben wider. Bei solchen Spielen kann man zahlreiche Verhaltensweisen ausprobieren: Erst nachdenken, dann handeln. Pläne schmieden und in die Tat umsetzen. Auf Veränderungen flexibel reagieren. Vorpreschen. Seinen eigenen Weg gehen. Zurückweichen. Die anderen zum Zuge kommen lassen. Ruhe bewahren. Sich über Erfolge freuen und mit Misserfolgen klarkommen.

→ **WETT- UND SPORTSPIELE.** Gewinnen und verlieren – keine leichte Übung für manchen, aber ein wunderbares Verhaltenstraining, bei dem ein Kind eine Menge lernen kann. Über Fairness und Sportsgeist. Über gesunden Ehrgeiz und Übereifer. Über Gemeinschaftsgefühle. Über Erfolgserlebnisse und Misserfolge.

ALLE LÖSUNGEN AUF EINEN BLICK

Grünes Licht oder Stoppschild? Oder gibt es noch etwas dazwischen? Im »Ampelverfahren« finden Sie hier alle Lösungen zu den Erziehungssituationen ab Seite 45. Die grüne Ampel zeigt jeweils die beste Möglichkeit zu reagieren oder auch zwei gute Lösungen, die meist miteinander kombiniert werden können. Die gelbe Ampel steht für richtige Lösungen in Ausnahmefällen oder besonderen Situationen. Und die rote bedeutet: »Stopp – auf diese Weise kommen Sie nicht zum Ziel!«

In den Lösungsvorschlägen in diesem Kapitel konnten Sie bereits nachlesen, welche Arten zu reagieren in typischen Erziehungssituationen geeignet und erfolgversprechend sind, welche weniger, und warum dies jeweils so ist. In der Tabelle auf den folgenden drei Seiten sehen Sie alles noch einmal als kompakte Übersicht, um sich schneller zurechtzufinden.

Vielleicht haben Sie ja auch Lust, sich beim Durchgehen der Erziehungssituationen Ihre Antworten auf einem Zettel zu notieren und sie dann mit den Empfehlungen in der Tabelle zu vergleichen. Sehen Sie das Ganze aber bitte spielerisch: Dieses Buch soll Sie dabei unterstützen, Ihren Erziehungsstil mal in Ruhe zu betrachten, sich Gedanken über das aktuelle Familienklima bei Ihnen zu Hause zu machen und neue Wege im Umgang miteinander zu entdecken – davon haben nicht nur Ihre Kinder etwas, sondern auch Sie selbst. Das Buch soll Ihnen Anregungen bieten, auch die Potenziale kritischer Situationen zu erkennen und zu nutzen. Das unterscheidet diesen »Elternführerschein« von der Fahrprüfung beim TÜV: Statt jeden kleinen Patzer gleich teuer bezahlen zu müssen, können Eltern ebenso wie Kinder aus Fehlern lernen und Tag für Tag an ihren Erfahrungen wachsen.

Seite	Die Situation	Lösung 1	Lösung 2	Lösung 3
45	**Morgen-Sorgen**			
45	»Schlecht gelaunt?«	🔴	🟢	🔴
46	»Ein Machtkampf?«	🟢	🔴	🔴
47	»Nun komm schon!«	🔴	🟢	🔴
48	»Ganz schön schludrig!«	🔴	🟢	🟢
50	»Trödle nicht endlos!«	🔴	🟢	🟢
51	»Pass auf dich auf!«	🔴	🔴	🟢
52	»Raus aus dem Bett!«	🔴	🔴	🟢
53	»Ich bin doch nicht dein Chauffeur!«	🔴	🟡	🟢
56	**Vormittagsfreuden**			
56	»Kannst du nicht gehorchen?«	🔴	🟢	🟢
57	»Sag danke!«	🔴	🟢	🔴
58	»Lass mich in Ruhe!«	🔴	🟢	🔴
59	»Du musst warten!«	🔴	🟢	🟢
62	»Dauernd Stress!«	🔴	🟢	🟢
63	**Gemeinsame Mahlzeiten**			
63	»Immer diese Nörgelei!«	🔴	🟢	🔴
64	»Willst du mich ärgern?«	🟢	🔴	🟡
65	»Iss noch ein Häppchen!«	🔴	🟢	🟢
67	»Vor dem Essen ein Bonbon?«	🔴	🟢	🔴
68	»Warte, bis alle so weit sind!«	🔴	🔴	🟢
69	»Du isst jetzt!«	🟡	🔴	🟢
69	»Keine Schimpfwörter!«	🟢	🔴	🔴

Seite	Die Situation	Lösung 1	Lösung 2	Lösung 3
72	»Das war gemein!«	🔴	🟢	🟢
73	»Nimm doch Rücksicht!«	🔴	🟢	🔴
75	»Bist du schwerhörig?«	🟢	🔴	🔴
75	»Gib nicht so an!«	🔴	🟢	🟢
78	»Mäkeln verboten!«	🟢	🔴	🔴
79	»Das ist gelogen!«	🔴	🟢	🔴
80	**Mittagsmüdigkeit**			
80	»Du tust mir weh!«	🔴	🔴	🟢
81	»Mach keinen Unsinn!«	🟢	🔴	🔴
82	»Ganz schön berechnend!«	🟢	🟡	🔴
82	»Gib dir mehr Mühe!«	🔴	🟢	🔴
83	»Fertig mit den Hausaufgaben?«	🔴	🟢	🟢
84	»Häng nicht herum!«	🔴	🟢	🔴
85	**Nachmittagsvorstellung**			
85	»Warum brüllst du so?«	🔴	🟢	🟢
88	»Triez ihn nicht!«	🔴	🟢	🔴
88	»Lasst ihn mitspielen!«	🔴	🟢	🟢
89	»Nun ist es kaputt!«	🔴	🔴	🟢
92	»Was ist denn das für eine Sprache!«	🔴	🟢	🟡
92	»Wo ist dein Zeug?«	🔴	🔴	🟢
93	»Du darfst ihn nicht hauen!«	🟢	🔴	🔴
94	»Wieso haust du jetzt ab?«	🟢	🔴	🟢
95	»Du trägst Dreck herein!«	🔴	🟢	🟡
97	»Du musst dich wehren!«	🟢	🟢	🔴
97	»Wieder verlegt?«	🔴	🔴	🟢
98	»Du musst heute noch üben!«	🟢	🔴	🟢

Seite	Die Situation	Lösung 1	Lösung 2	Lösung 3
99	**Abendrituale**			
99	»Mit dem Kopf durch die Wand?«	🔴	🟢	🟡
100	»Ab zum Zähneputzen!«	🔴	🟢	🔴
101	»Wann räumst du endlich auf?«	🔴	🟢	🔴
102	»Wieso schläfst du nicht?«	🟡	🟢	🔴
103	»Betteln bringt nichts!«	🟢	🟡	🔴
103	»Wieso lernst du jetzt noch?«	🔴	🟢	🟢
104	»Wieso Geheimnisse vor mir?«	🟢	🟢	🔴
105	**Wochenendvergnügen**			
105	»Das geht zu weit!«	🔴	🔴	🟢
106	»Ich bin an der Reihe!«	🟢	🟢	🔴
107	»Beschäftige dich allein!«	🔴	🔴	🟢
108	»Vorsicht, du fällst!«	🔴	🟢	🟢
109	»Hibble nicht so rum!«	🟢	🔴	🟢
110	»Hilfst du mir?«	🔴	🟢	🟢
111	»Ab nach draußen!«	🟢	🔴	🟡
112	»Wer tut mir einen Gefallen?«	🔴	🔴	🟢
113	»Du solltest durchhalten!«	🟢	🔴	🟢
114	»Sei nicht so zaghaft!«	🔴	🟢	🔴
115	»Kein Taschengeld mehr?«	🟡	🔴	🟢
116	»Grenzt sie nicht aus!«	🔴	🟢	🟡
116	»Nicht so patzig!«	🟢	🟢	🔴
117	»Warum so aggressiv?«	🔴	🟢	🔴
120	»Ihr spinnt wohl!«	🟢	🔴	🔴
121	**Reisevergnügen mit Tücken**			
121	»Mischt euch nicht ein!«	🔴	🔴	🟢
122	»Müsst ihr immer streiten?«	🟢	🟡	🔴
123	»Der reinste Macho!«	🟢	🟢	🔴
124	»Zickenterror!«	🟢	🟡	🔴

Das Familienleben gestalten

Eltern wünschen sich, dass ihr Kind eine fröhliche Kindheit erlebt, in einem entspannten Familienklima groß wird und sich gut entwickelt. Viele Erziehungsprobleme entstehen dann erst gar nicht oder geben sich bald von selbst wieder. Hier finden Sie die sieben wichtigsten »Gewürze« für eine gute Erziehung – die Farbtupfer, die eine positive Kindheit ausmachen.

Glanzlichter
im Alltag setzen

Das Leben mit Kind geht nicht von allein: Sie gestalten es, organisieren es, versuchen den Bedürfnissen Ihres Kindes gerecht zu werden und ihm ganz unterschiedliche Anregungen zu bieten, die es in seiner Entwicklung weiterbringen. Vieles bringt Ihr Kind schon mit auf die Welt: seine ganz besondere Wesensart, sein Temperament … Dank neuer Lebenserfahrungen, die täglich dazukommen, entwickelt es immer mehr Persönlichkeit. Jede Anregung, die Sie Ihrem Kind bieten, jede neue Erfahrung wirkt an seiner Entwicklung mit. Sie als Mutter und Vater sind die wichtigsten Lehrer, Vermittler, Erklärer, Erzähler. In ganz verschiedenen Rollen zeigen Sie Ihrem Nachwuchs, was die Welt zu bieten hat – zum Beispiel durch positive und negative Erlebnisse und Empfindungen, durch sinnliche Erfahrungen, vor allem durch immer neue Informationen:

- **SIE FAHREN DURCH EINE WIESENLANDSCHAFT.** Auf den Weiden in der Sonne überall Schafe und Lämmer, an denen Sie sich gemeinsam freuen.
- **SIE BACKEN UND GENIESSEN** mit Ihrem Kind den frischen Kuchenduft, der durch die ganze Wohnung zieht.
- **SIE FRÜHSTÜCKEN MIT MOZARTMUSIK.** Ihre Begeisterung für diese Musik ist spürbar und der Funke springt auf Ihr Kind über.

Neben all den schönen Empfindungen zeigen Sie natürlich auch, was Ihnen weniger gefällt:

- **SIE FINDEN IM GARTEN NACKTSCHNECKEN**, und Ihrem Kind entgeht nicht Ihr Widerwille gegenüber den glitschigen Tierchen.
- **SIE GEHEN AN EINEM BAUERNHOF VORBEI** und halten sich die Nase zu, weil Ihnen der Stallgeruch nicht behagt.

Tausend tolle Sachen, die gibt es überall zu sehn ...

Viele Eltern scheuen heute weder Kosten noch Mühe, um ihrem Kind intensive Erlebnisse zu verschaffen. Doch es sind nicht unbedingt große Sensationen, wie etwa ein Besuch im Freizeitpark oder eine Reise in tropische Gefilde, die ein Kind besonders beeindrucken und fördern. Gedächtnisforscher haben herausgefunden, dass gerade die eher leisen, unspektakulären Momente häufig im Gedächtnis bleiben:

- → **DAS ZELTEN** im Garten bei strömendem Regen.
- → **DER WETTLAUF** mit nackten Füßen durch das feuchte, stoppelige Gras rund ums Planschbecken.
- → **TRÄUMEN** mit Blick in den Himmel und Wolkenzählen.

Aber auch Erlebnisse, die ein Kind als dramatisch erlebt, beeindrucken es oft besonders und bleiben lange in Erinnerung:

- → **DIE GESCHICHTE MIT DEM VERLORENEN AUTOSCHLÜSSEL** und den sich daraus ergebenden Komplikationen,
- → **DIE NÄCHTLICHE IRRFAHRT** im Auto durch eine menschenleere Waldlandschaft.

Ob positives oder negatives Erlebnis, alles zusammen bringt Musik ins Leben – die Seele ist der entsprechende Klangkörper. Jedes Kind empfindet dabei anders, misst den Erlebnissen unterschiedliche Bedeutung bei. Aber alle Kinder brauchen Impulse für ihre Entwicklung, wollen kleinere und auch größere Abenteuer wagen und bestehen, Erfolge genießen und an den bestandenen Herausforderungen wachsen.

Nehmen Sie Ihr Kind an die **Hand** und **erklären ihm die Welt** – machen Sie es fit für erste **selbstständige** Abenteuer.

TAPETENWECHSEL & FANTASIESPIELE

Neben aller Regelmäßigkeit und Überschaubarkeit braucht Ihr Kind auch Abwechslung und Höhepunkte. Kleinere Abenteuer können Sie gerade in den ersten Jahren ohne großen Extra-Aufwand bieten:

- **SPIELPLATZTAUSCH:** Gehen Sie mit Ihrem Kind ab und zu auf einen anderen Spielplatz: Dort ist alles neu und abenteuerlich.
- **SCHNEESPIELE:** Toben Sie im Schnee, auch wenn es klirrend frostig ist und die Füße kalt werden. Spielen Sie zusammen Adler: Rücklings im Schnee liegen, mit Armen und Beinen Flügel und Schwanz in den Schnee wedeln. Oder Sie verwandeln sich in Schneemonster mit einer dicken Schneeschicht auf Mütze, Handschuhen und Jackenärmeln …
- **WALDMENSCHEN:** Laufen Sie quer durch den Wald über weiches Moos. Springen Sie über sperrige Baumwurzeln. Schauen Sie gemeinsam interessante Baumpilze an, lauschen Sie den vielen Geräuschen.
- **ZUGREISE:** Fahren Sie zusammen mit einem Regionalzug bis zum nächsten Halt. Wandern Sie gemeinsam durch den Zug und schauen sich alles an. Und im Bahnhof gibt's sicher auch was Interessantes …

Vieles für die Erwachsenen Alltägliche ist einem kleinen Menschen noch völlig neu. Überlassen Sie ihm bei Ausflügen häufiger die Führung. Er spürt sicher interessante Dinge auf: Baugruben mit Kränen und Baggern. Kaufhäuser mit Rolltreppen und Aufzügen. Regenwürmer in einer Pfütze. Spannend, wohin Ihr kleiner Reiseführer Sie lotst:

- **IN DEN ZOO?** Ins Streichelgehege zu den Zottelziegen und nicht etwa zu den Pantern und Tigern?
- **IN DEN WALD?** Zu den Ameisen, die unter Baumrinde krabbeln, und nicht zu dem Fuchsbau am Rande des Dickichts?
- **IN DEN GARTEN?** Zu den Käfern unter der Margeritenstaude und nicht zu dem Goldfischteich?

Abenteuer aus erster Hand

Bei spannenden Unternehmungen sammelt Ihr Kind wesentliche Erfahrungen, nimmt das Leben aus erster Hand wahr und nicht durch Medien gefiltert. Und danach kann es von Abenteuern erzählen, die es siegreich bestanden hat. Damit bringt es andere zum Zuhören, zum Nachfragen, zum Staunen – ein Labsal für sein Selbstwertgefühl!

Wer Abenteuer besteht, muss bisweilen mit Schwierigkeiten fertig werden und erlebt seine Familie dann vielleicht anders als im gewohnten Fahrwasser. Sieht sie plötzlich mit anderen Augen. Erlebt Schwächen und Stärken, die früher vielleicht kaum wahrgenommen wurden.

Viele Eltern nutzen den Wissensdurst ihres Kindes, um seine Entwicklung gezielt zu fördern. Sie öffnen ihm die Augen, die Sinne für die Schönheiten, Geheimnisse und Überraschungen dieser Welt und bieten ihm Möglichkeiten, sich selbst und seine Talente zu entdecken. Beim Malen. Beim Spielen. Beim Musizieren. Beim Basteln und Werkeln. Beim Ausprobieren von Zauberkunststückchen. Beim Sport. Ein wunderbares Gefühl für ein Kind, wenn es konzentriert bei der Sache ist, ganz in eine Aufgabe versunken. Wenn es schließlich Erfolgserlebnisse verbuchen kann, weil es sich angestrengt und nicht aufgegeben hat.

ICH WÜNSCH MIR …

Manchmal fällt es schwer, die unterschiedlichen Wünsche unter einen Hut zu bringen, oft vor allem am Wochenende. Papa will in Ruhe lesen. Das Kind will gezeigt bekommen, wie es einen Hut aus Zeitungspapier falten kann. Und Mama möchte einen Ausflug in die Stadt machen.

Jeder darf seine Wünsche äußern. Der Jüngste zuerst, der Älteste zuletzt. Dass ihre Wünsche so ernst wie die der Erwachsenen genommen werden, hat auf Kinder eine Gute-Laune-Wirkung. Nun machen Sie gemeinsam einen Plan, wie und wann welche Wünsche erfüllt werden – oder auch nicht. Verzicht muss eben manchmal sein!

Feste –
unvergessliche Höhepunkte

Feste sind Höhepunkte im Alltagsallerlei – feierlich oder lustig, vor allem aber ein wichtiges Gemeinschaftsunternehmen für eine Familie. Feste lassen die Welt leuchten. Glitzern. Strahlen. Knistern. Rascheln. Und natürlich duften. Sie sind ein quirliges oder auch ein feierliches Vergnügen für Ihr Kind – ein Ausnahmezustand, angenehm vertraut und trotzdem jedes Mal wieder aufregend neu: Geburtstag. Fasching. Weihnachten. Taufe. Ostern …

Jedes Kind liebt die geheimnisvolle Atmosphäre und auch die großen Spektakel. Feste sind ein Hoch für die Sinne: brennende Kerzen. Bunte Kugeln. Bratendüfte. Schokoladenkuchen. Stimmengewirr. Geheimnisse. Musik … Fühlen, riechen, schmecken, hören, sehen, bei jedem Fest ist Ihr Kind in seinem Element, sammelt neue Eindrücke, angenehme Empfindungen – Erfahrungen, aus denen später schöne Erinnerungen und emotionaler Reichtum werden.

Es muss aber nicht immer ein Riesenbrimborium sein, eine Feier mit großem Remmidemmi, mit Superattraktionen und einer Riesentorte. Eine ganz normale Geburtstagsfeier mit Topfschlagen und Würstchenschnappen ist oft aufregend genug: Kommen alle, die ich eingeladen habe? Wann klingelt der Nächste? Wie finden die Gäste meine selbst gebastelten Namensschildchen? Schmeckt mein Lieblingsgeburtstagskuchen wieder so gut wie im letzten Jahr?

Jedes Fest ist ein **Neuanfang**, ein wichtiger **Impuls**. Reden Sie mit Ihrem Kind darüber, was die Feste zu **bedeuten** haben.

Neue Impulse für die Entwicklung

Die festliche oder vergnügte Stimmung, der helle Schein, die guten Düfte – jedes besondere Erlebnis, jedes bunte, fröhliche oder auch beschauliche Fest und die damit verbundenen Erfahrungen hinterlassen Spuren und bringen Ihr Kind in seiner Entwicklung ein Stück weiter: Feste fördern den Zusammenhalt in der Familie. Jeder muss mitplanen, helfen, Verantwortung übernehmen, eine bestimmte Funktion ausfüllen, sich einbringen und aktiv zur guten Stimmung beitragen.

Alle Familienmitglieder verknüpfen gewisse Vorstellungen, Gefühle und Hoffnungen mit den verschiedenen Festen. Sprechen Sie in Ihrer Familie über die Bedeutung von Festen, damit Ihr Kind versteht, dass es um mehr geht als nur um Dekoration und Spaß.

PRAKTISCHE ERFAHRUNGEN SAMMELN

Feste bedeuten Organisation und Arbeit. Ihr Kind lernt von Ihnen, wie man ein Fest gestaltet. Beziehen Sie es schon frühzeitig in die Planung ein: Erklären Sie ihm, warum die Dinge am besten so und nicht anders gemacht werden. Lassen Sie sich helfen. Gehen Sie gemeinsam zum Einkaufen. Delegieren Sie Aufgaben. Damit es sich nicht wie ein unnützer oder ungeschickter Handlanger fühlt, lassen Sie Ihr Kind frühzeitig auch verantwortungsvollere Jobs übernehmen – für Sie zu Beginn vielleicht nicht gerade arbeitserleichternd, aber für das Selbstwertgefühl Ihres Kindes ein dickes Plus!

RITUALE: NICHTS SCHÖNER ALS DAS

Beim Feiern liegen Ihrem Kind Wiederholungen und Rituale besonders am Herzen. Neben aller Freude an Abwechslung ist nichts schöner für Ihr Kind, als das wiederzuentdecken, was ihm höchst vertraut und mit warmen Gefühlen verbunden ist. Rituale geben Halt und Orientierung (siehe auch Seite 30).

In den meisten Familien sind Feste mit eingespielten, liebgewordenen Gewohnheiten und Zeremonien verbunden: Das Lied, das am Geburtstag immer vorm Kerzenausblasen und Auspacken der Geschenke gesungen wird. Die Glocke, mit der am Weihnachtsabend dreimal gebimmelt wird, bevor man das Weihnachtszimmer betreten darf.

Ein gemeinsamer Rückblick auf das zu Ende gehende Jahr am Silvesterabend. Das Ostereierverstecken und -suchen im Garten und das anschließende Frühstück mit festlicher Musik.

Die Bewahrung von Ritualen kann allerdings auch Schattenseiten haben – wenn sie aus dem Gefühl heraus, wie etwas sein»muss«, ohne Begeisterung gepflegt werden. Etwa wenn die Oma alle Jahre wieder während des Kindergeburtstags auf dem Sofa thront und das Tun und Treiben der Kinder kommentiert. Oder wenn das Kind an Weihnachten um alles in der Welt auf der Blockflöte vorspielen soll.

Familientraditionen müssen nicht verstaubt und zäh daherkommen. Man muss sie auch nicht seit Generationen pflegen, sondern kann neue Traditionen erfinden und eigene Feste kreieren. Mit Freunden und Kindern der Freunde. Mit der Klein- oder Großfamilie … Ihr Kind lernt von Ihnen, wie man Fröhlichkeit oder Feierlichkeit in die Familie bringt, wie man Feste so feiert, dass alle glücklich und zufrieden sind. Traditionen bestehen nicht nur aus leckerem Zuckerkuchen, Laternen im Garten und einer Girlande quer über den Esstisch, sondern haben zum Teil einen tieferen Sinn. Reden Sie mit Ihrem Kind über Gemeinschaftssinn. Über Zusammenhalt. Über Zuverlässigkeit – über die Werte, auf die in Ihrer Familie Wert gelegt wird.

Jedes Fest hat seine eigene **Handschrift** – die **Ihrer Familie**. Binden Sie Ihr Kind schon in die **Vorbereitungen** ein!

FAMILIENFESTE OHNE KRACH

In unserer Vorstellung haben Familienfeste hochromantisch zu sein: ein reines Vergnügen. Und hohe Erwartungen sind schwer zu erfüllen, auch beim Feiern. Die Vorbereitungen, genau nach Plan vorangetrieben, sind stressig. Zweifel an dem ganzen Vorhaben machen sich breit: Wird Opa wieder am Kuchen herummäkeln? Werden sich Cousine und Cousin wie jedes Jahr auch in diesem kloppen? Feste offenbaren, in welcher Beziehung alle Beteiligten zueinander stehen. Liegen Konflikte in der Luft, kann ein Fest in Krach ausarten – oder die Chance bieten, Spannungen zu bereinigen. Dann wird aus einem Fest zusätzlich eine Übung in Kommunikations-, Team-, Konfliktfähigkeit.

Jedes Kind feiert gerne und ist voll froher Erwartung, wenn ein Fest ansteht. Aber auch seine Begeisterung kann enttäuscht werden …

- **DURCH ELTERN, DIE ES BESTÄNDIG ERMAHNEN.** Die mit Kleidervorschriften nerven oder mit zu strengen Benimmregeln und dem Kind damit gründlich die Freude verderben,
- **DURCH GÄSTE, DIE ES VIELLEICHT KAUM WAHRNEHMEN,** beiseite schieben oder einfach nicht für voll nehmen,
- **DURCH ANDERE KINDER,** die es ärgern oder eventuell sogar auszugrenzen versuchen.

Solche Probleme machen Ihrem Kind stark zu schaffen, verderben seine Laune – und in der Folge nicht selten die Stimmung aller. Sprechen Sie in diesen Situationen Ihr Kind und die anderen Beteiligten an, und bereinigen Sie die Sache schnell. Sind Kinder auf Festen nicht nur als Mitläufer gefragt, sondern spielen sie als Mitgastgeber oder Gäste eine wichtige Rolle und können zur Unterhaltung, zur guten Stimmung beitragen, dann bessert sich ihre Laune umgehend.

Spielen – viel mehr als nur Zeitvertreib

Kinder hängen zu viel herum, wissen nichts mit sich anzufangen, beklagen viele Erwachsene heute. Ist das Spielen, die Beschäftigung aus eigenem Antrieb, wirklich aus der Mode gekommen?

Viele Kinder mögen oder können wirklich nicht mehr spielen. Bauen keine Landschaften mehr aus Klötzen. Spazieren nicht mehr mit kleinen Plastikfiguren durchs Wohnzimmer. Erzählen ihrem Stoffhasen keine langen Geschichten mehr. In vielen Beratungsstellen ist das inzwischen ein Gesprächsthema. Viele Eltern sagen dazu: »Mein Kind kann sich nicht allein beschäftigen. Es will von morgens bis abends von mir unterhalten werden!« –»Das Spielzeug ist meinem Sohn zu langweilig! Interessant sind nur der Fernseher und der Computer!«

Aber nicht nur viele Kinder sind heute Spielmuffel, sondern ihre Eltern gleichermaßen. Spielanregungen sammeln oder erfinden, Spielregeln erklären – alles nicht ihr Ding. Natürlich kaufen sie Spielzeug, und nicht zu knapp. Aber zum Spielen anregen? Zu Hause mitspielen? Oft heißt es: »Ich bin lieber mit meinem Kind unterwegs. Wir machen Programm. Stundenlang zu Hause sitzen ist doch viel zu öde!« oder »Dazu fehlt es mir an innerer Ruhe. Bei dem Dauerwirbel zu Hause habe ich nicht die Zeit, mich ums Spielen groß zu kümmern.«

Daneben gibt es aber auch hoch motivierte Mütter und Väter, die alles tun, um die Entwicklung ihres Kindes zu fördern. Die es mit gezielten Spiel- und Spielzeugangeboten stimulieren, schon im Kindergartenalter für die Schule, für Leistung trainieren. Für die Adressaten ist das Spielen dann oftmals kein Vergnügen mehr, sondern eine Pflichtübung.

Ein Grundbedürfnis

Wer spielt, ist mit sich und der Welt zufrieden, weil er selbst das Tempo bestimmt. Das Spielzeug aussucht. Die Regeln festlegt. Experten empfehlen Eltern und Kindern einstimmig, das Spielen wieder in seiner ureigensten Bedeutung zu sehen – als großen Spaß, der Sinn macht, als fröhliches Lernen. Das heißt: Spielen ist mehr als nur Beschäftigungsprogramm. Mehr als unterhaltsamer Zeitvertreib. Mehr als ein Heilmittel gegen Langeweile und mehr als eine willkommene Methode, Kinder mal eben loszuwerden, wenn man ihnen keine Aufmerksamkeit schenken mag oder kann (»Nun spiel mal schön!«).

Das Spielen ist ein Grundbedürfnis, ein unersetzbarer Quell der Freude und Begeisterung (sogar noch bei manchem Erwachsenen). Zugrunde liegt das Bedürfnis, sich mit seinem Umfeld vertraut zu machen. Mit den Dingen dieses Umfeldes. Mit den Menschen.

SPIELEN HEISST ERFAHRUNGEN SAMMELN

Glücklicherweise greift längst nicht jeder Dreikäsehoch lieber nach der Fernbedienung als nach seinen Bauklötzen, Plastikautos und Stofftieren. Spielzeug ist immer noch spannend. Kaum steht ein Kind einigermaßen sicher auf seinen Beinen, wird es aktiv und tappelt los, um beim Spielen Erfahrungen zu sammeln: »Kann ich Krach machen, mit zwei Topfdeckeln ein richtig lautes Scheppern zustande bringen? Kann ich eine Schlange legen, lauter Dominosteine so aneinander reihen, dass sie von der Küchentür bis ins Wohnzimmer reichen?«

Im Spiel können Kinder auch ihre eigene kleine Welt konstruieren, mit Puppen oder Stofftieren Alltagssituationen nachspielen oder neu erfinden, mit Bauklötzen ein Haus, einen Bauernhof, eine Fabrik, eine Stadt nach eigenen Vorstellungen entstehen lassen.

Groß ist die Begeisterung, wenn das angepeilte Ziel erreicht wird: ein beglückendes Erfolgserlebnis. Wer spielt, sammelt (Selbst-)Erfahrungen, entdeckt bald, dass er dabei sein eigener Steuermann und Kapitän ist. Das Wörtchen »ich« spielt dabei eine große Rolle: »Ich kann bestimmen, wo's langgeht, und stecke mir selbst meine (Lern-)Ziele. Ich suche mir die Mitspieler, mit denen ich etwas anfangen kann.«

Durch die beim Spielen gesammelten Erfahrungen entsteht ein innerer Reichtum an Ideen und Plänen. Wer spielt, entwickelt seine Konzentrationsfähigkeit, seine Ausdauer, seine Kreativität, sein strategisches Denken und fasst Mut, mit Herausforderungen fertig zu werden, Probleme zu lösen, neue Fertigkeiten und Fähigkeiten zu trainieren.

Motor für die Spielbegeisterung ist die Neugier, der Wissensdurst. Die Freude am Erkunden, am Konzentrieren auf eine Sache treibt ein Kind an und ist Motivation, seine Spiele weiterzuentwickeln. Mit großem Ernst, tief versunken in sein Spiel. Alles andere zählt dann nicht mehr.

ICH, DU, ER, SIE, ES …

Spätestens im Kindergartenalter werden Spielkameraden gesucht, mit denen man viel lachen, reden und unternehmen kann. Zu zweit oder in der Gruppe macht Spielen doppelt so viel Spaß. Zusammen wird nun Teamgeist gezeigt, soziales Verhalten geübt, auch mithilfe von Spielregeln. Neue Gefühle kommen dabei ins Spiel: Hochs und Tiefs, Erfahrungen wie »Toll, ich habe gewonnen!« oder »Verflixt, ich habe verloren!«.

Zum Spielen braucht ein Kind **Zeit**,
Muße und Mitspieler, die sich darauf **einlassen**,
gemeinsam die Welt zu erkunden.

Gefragte Mitspieler: Mama und Papa

Von Anfang an sind Sie als Spielpartner gefragt. Sie schaffen die Voraussetzungen für Ihr Kind, um richtig spielen zu können: Es muss sich gut aufgehoben, geborgen fühlen, mit sich und der Welt einigermaßen im Reinen und körperlich auf der Höhe sein, um seine kreativen Kräfte, seine Spielfreude voll zu entfalten. Dabei ist es wichtig, dass Sie für genügend Muße zum Spielen sorgen. Gar nicht einfach, denn das Leben vieler ist hektisch geworden. Ein voller Terminkalender macht Erholungspausen und Innehalten zu einem raren Gut.

EIN PAAR »SPIEL-REGELN«

Wenn Sie mit Ihrem Kind spielen, sollten Sie Folgendes beachten:

- **SIE SIND MITSPIELER,** nicht der Vorspieler. Lassen Sie zu, dass Ihr Kind die Fäden in der Hand hält. Sie bieten nur den Rahmen. Wenn Sie sich beim Mitspielen auf Ihre Intuition verlassen, wissen Sie genau, wann Ihre Unterstützung und Ermunterung gebraucht wird. Auf diese Weise können Sie Ihr Kind am besten fördern.
- **SPIELEN SIE IN ALLER RUHE** – möglichst ohne Störung durch Telefon oder Radio. Schirmen Sie Ihr Kind möglichst ab vor der Flut an Reizen, Informationen, Unruhe. Wer spielt, braucht eine Auszeit und will dabei auch nicht ständig Freunde oder Geschwister um sich haben.
- **BIETEN SIE NUR WENIG SPIELZEUG AN.** Weniger ist mehr, weil es den Erfindungsgeist und kreatives Spiel fördert. In Sachen Spielzeug haben die meisten Kinder sowieso ihren eigenen Kopf: Überraschend wird der knallgelbe Plastikkleinwagen zum Lieblingsspielzeug auserkoren und nicht etwa die sündhaft teure Autorennbahn, die viel mehr hermacht. Welches Spielzeug die Entwicklung Ihres Kindes am intensivsten unterstützt? Überflüssige Überlegungen, sagen Experten. Ihr Kind ist clever genug, um sich genau das aus seinem Spielzeugregal zu fischen, was seinem aktuellen Entwicklungsstand entspricht.

Viel Bewegung – ein Muss

Kinder brauchen Bewegung, Möglichkeiten zum Toben drinnen und draußen. Gesunde Kinder wollen und sollen sich viel bewegen. Hüpfen. Springen. Laufen. Wer rennt barfuß über den gepflasterten Weg und spürt das Kitzeln unter den Fußsohlen? Wer lässt Sand durch die Finger rieseln – mal schneller, mal langsamer, mal in dickem, mal in dünnerem Strahl? Wer startet mit anderen auf»Achtung, fertig, los« und rennt um die Wette bis zur alten Buche am Ende des Weges?

Je intensiver ein Kind seine Umwelt über die Bewegung erkundet, desto anregender ist es für seine Entwicklung. Für Knochen und Muskeln. Aber auch für den Geist: Das Gehirn wird stärker durchblutet. Die Konzentration nimmt zu. Auch die Wahrnehmungsfähigkeit wird trainiert. Wer durch die Gegend rennt, wer Klettergerüste erklimmt und auf Mauern balanciert, lernt sich geschickt und sicher zu bewegen. Stürzt seltener. Oder kann sich beim Stürzen besser abfedern. Wer motorisch fit ist, wird dazu seltener krank und wächst besser. Beim Klettern, Kriechen, Krabbeln, beim Rennen und Rutschen entwickelt ein Kind Durchhaltevermögen, Kraft, Geschicklichkeit. Wer körperlich aktiv ist, wer mit sich und seinem Körper zufrieden ist, geht entspannter auf andere Menschen zu, ist einfach selbstsicherer.

Trotzdem bewegen sich immer weniger Kinder in ausreichendem Maße. Sie klinken sich aus, hocken in der Bude. Diese Unlust hat Folgen: Viele sind ungelenk, ungeschickt, unsicher, unbeweglich. Sie stolpern. Ecken an. Geraten schnell aus der Puste. Simple Übungen wie Purzelbaum oder Hampelmannspringen sind nicht wenigen Schulkindern ein Problem. Und viele sind einfach zu dick. Wo liegen die Ursachen für diese Entwicklung? Wie können Eltern gegensteuern?

Bewegung heißt Lebensfreude

Manche Erwachsene stempeln Bewegungsfreude als übergroße Unruhe ab: »Ein Hibbel. Ein Zappel. Mein Kind hampelt durchs Leben, immer in Bewegung!« Sie ermahnen Ihren Sprössling, sich ruhiger zu beschäftigen – nicht zuletzt ihrem eigenen Nervenkostüm zuliebe. Dass diese »Ruhigstellung« Folgen hat, dass ein kleiner Hüpfer, der seinen Bewegungsdrang ständig unterdrücken muss, noch unruhiger, noch zappeliger wird, übersehen die Erwachsenen leicht. Wer schleunigst umdenkt, tut seinem Kind (und sich selbst) damit einen großen Gefallen. Hier einige Anregungen:

- **MACHEN SIE AUSFLÜGE.** In Feld, Wald und Wiese kann Ihr Kind sich austoben. Von Stein zu Stein hüpfen. Über Baumwurzeln springen. Auf gefällten Bäumen balancieren. Durch den Bach waten. Überall bieten sich Möglichkeiten zu laufen, zu klettern, zu springen.
- **GEMEINSAM MACHT ES MEHR SPASS:** Mit Sicherheit erscheint zum Beispiel eine Wanderung oder Fahrradtour Ihrem Kind reizvoller, wenn ein gleichaltriger Freund oder mehrere mitkommen und man unterwegs zusammen spielen, lachen, kleine Wettkämpfe veranstalten kann. Und für die Eltern ist es eine nette Abwechslung, sich mit den ebenfalls eingeladenen Eltern der Kinder auszutauschen.
- **GEHEN SIE AUF DEN SPIELPLATZ.** Es muss ja nicht stundenlang sein. Bieten Sie Ihrem Kind einfach regelmäßig die Möglichkeit, mit anderen Kindern um die Wette zu rennen, Fangen zu spielen.
- **GEBEN SIE EIN GUTES BEISPIEL AB.** Machen Sie Ihrem Kind Beine: beim Radeln, beim Wandern, beim flotten Treppensteigen.
- **NOCH EIN TIPP:** Pfeifen Sie Ihren kleinen Turner nicht übervorsichtig zurück, in der Sorge, er könnte sich verletzen. Ein Kind, das genug Bewegungserfahrung sammeln kann, weiß in der Regel, wie weit es gehen kann. Sie kennen Ihren Sprössling sicher gut genug, um zu merken, ob er seine Bewegungen noch unter Kontrolle hat.

Kinder hungern nach Bewegung

Stillsitzen – die meiste Zeit auf Stühlen und Bänken: Unsere Kinder sind Weltmeister im Sitzen. Morgens in der Schule sitzen sie über ihren Büchern und Heften. Mittags über den Hausaufgaben. Nachmittags vor dem Fernseher und Computer. Davon sind sie nur schwer abzubringen. Kein Wunder, dass sie zappeln, hampeln, sich auf dem Sofa lümmeln und Ermahnungen geflissentlich überhören, wie: »Setz dich anständig hin!« – »Rutsch nicht so rum!« – »Halt dich gerade!«

Und dass sie es überhören, ist gut. Wenn die Kinder schon sitzen müssen oder wollen, so bewegen sie sich wenigstens intuitiv auch in dieser Körperhaltung und tun damit etwas für ihre Muskeln und Knochen: ein Minimalprogramm an Bewegung, aber immerhin besser als gar nichts, sagen die Fachleute.

Wer sich mit diesem Minimalprogramm nicht abfinden will, mehr tun will, muss keine übermäßigen Anstrengungen unternehmen. Einfache Alltagsübungen sind als Bewegungstraining besonders brauchbar: Die Treppe hinauf rennen. Den randvoll gepackten Einkaufskorb stemmen. Auf der Bordsteinkante balancieren. Mit der Einkaufstüte in der Hand auf einem Bein hüpfen …

Hat Ihr Kind Lust auf mehr? Wünscht es sich vielleicht Rollschuhe, einen Fußball oder einfach eines dieser neuen Gummihüpfbänder in tollen Farben? Damit kann es, zum Beispiel nach dem Hausaufgabenmachen, immer wieder in Bewegung kommen. Oder wie wäre es mit einem abendlichen Völkerballturnier auf der Straße?

Bewegung ist der **natürliche Zustand** des Menschen. Kinder wissen das noch ganz **intuitiv.**

SCHLECHTES WETTER? KEIN PROBLEM!

Regenwetter. Eine kleine Wohnung. Kein Schritt vor die Tür ist heute möglich. An solchen Tagen liegt Streit in der Luft, denn wenn ein Kind den ganzen Tag drinnen ist, weiß es nicht, wohin mit seinem Bewegungsdrang und mit seinen Kräften. Es wird kribbelig. Gereizt. Manchmal richtig unausstehlich.

Und schon fliegen die Fetzen: Zank mit der Schwester. Mit den Eltern. Geübte Mütter und Väter wissen: Bewegung muss her! Wenn schon nicht draußen, dann wenigstens drinnen. Auch eine kleinere Wohnung kann Platz für Bewegungsspiele bieten. Wichtig ist, dass Eltern die Ideen ihres Kindes nicht mit einem »Geht nicht!« abtun, sondern gemeinsam mit ihm nach Möglichkeiten suchen. Ein paar Tipps:

- **NICHT ZU VIELE MÖBEL** – viel Platz zum Spielen. Vor allem wichtig ist ein sparsam eingerichtetes Kinderzimmer.
- **MATTEN, KISSEN, POLSTER** und Decken zum Burgenbauen, Verstecken, Toben, Spielen, die man schnell und einfach hervorkramen und ebenso schnell wieder verstauen kann.
- **EIN SEIL**, das an der Zimmerdecke befestigt ist, oder eine Hängematte, von Wand zu Wand gespannt. Eventuell auch ein kleines Trampolin, das nach dem Hüpfen unterm Bett verstaut werden kann.
- **GANZ WICHTIG:** die innere Bereitschaft der Eltern, das Getobe auszuhalten. Nachbarn, die nicht gleich den Vermieter anrufen.

Wenn es Sie gerade nicht stört, kann Ihr Nachwuchs jede Menge eigene Bewegungsspiele in der Wohnung erfinden. Zum Beispiel:

- Von Teppichkaro zu Teppichkaro hüpfen wie ein **KÄNGURU.**
- Durch den Flur und um die Ecken schleichen wie ein **PANTER.**
- Von Sessel zu Sessel springen wie ein **ÄFFCHEN.**
- Übers »Eis« (den glatten Küchenboden) watscheln wie ein **PINGUIN.**

Malen: Innere Bilder aufs Papier bringen

Jedes Kind greift irgendwann nach einem Stift und kritzelt begeistert und mit viel Energie drauflos – auf seine ganz eigene Art. Langsam oder schneller, mit wenig oder mit viel Druck: Schon dieses erste wilde »Kritzelkratzel« zeigt seine persönliche Handschrift.

Die Fähigkeit zu malen entwickelt sich zwischen dem zweiten und dem vierten Geburtstag. Malen ist mehr als nur eine stille Beschäftigung. In den Bildern spiegelt sich die Entwicklung eines Kindes wider:

- → **DAS ERSTE GEKRITZEL** findet sich auf der Tapete hinter seinem Bett. Auf Zeitung oder Küchentisch. Bald merkt ein kleiner Maler, dass sein Stift ein Zaubergerät ist, mit dessen Hilfe aus weißem Papier buntes Papier nach dem eigenen Rhythmus wird – ein aufregendes Aha-Erlebnis. Noch steckt noch keine Absicht, kein Thema hinter der Kritzelei.
- → **DIE ERSTEN KREISE UND STRICHE** kommen noch wackelig daher, später entschieden runder, und sie haben langsam eine Bedeutung: Mama und Papa, Hund und Katze … Aus den zittrigen Linien werden mit der Zeit einigermaßen gerade Striche.
- → **DIE KOPFFÜSSLER:** Zum ersten Mal toben Menschen über das Papier, lustige Kugelkopfwesen ohne Bauch, quicklebendig und sehr eigen.
- → **EIN KIND WEISS JETZT SCHON RECHT GENAU,** was es aufs Papier bringen will – seine Wesen erinnern aber nur sehr entfernt an Lena oder Basti. Dennoch steckt viel hinter seiner Malerei: Es hat gelernt, Formen zu kombinieren, etwa Punkte mit Kreuzen. Es kann senkrechte oder waagerechte Linien setzen. Zeigen, was innen und was außen ist. Eine enorme Entwicklungsleistung!

Fantasie und Perfektion

Die Bilder, die ein Kind zeichnet und malt, spiegeln seinen Entwicklungsstand wider. Wunderbar, wenn Eltern diese Entwicklung mit Interesse und Verständnis verfolgen, ohne sich einzumischen! Beim Malen verarbeitet ein Kind, was es erlebt. Setzt sich mit seiner Umwelt auseinander. Mit seinen Gedanken und Gefühlen, seinen Sehnsüchten, Träumen und Ängsten.

Bis zu seinem fünften, sechsten Geburtstag ist ein Kind vor allem damit beschäftigt, Gedanken und Empfindungen in seinen Bildern auszudrücken und diese beim Malen zu verarbeiten. Die Schaukel auf dem Bild ist zum Beispiel groß, weil sie für das Kind von großer Bedeutung ist. Das Haus neben der Schaukel ist dagegen vielleicht kleiner, weil unbedeutend in seiner Vorstellung. Auch die Farben entsprechen nicht der Realität, sondern dem eigenen Gefühl. Die Lieblingsfarben haben natürlich Vorfahrt.

Mit der Zeit werden die Porträts von Oma und Opa, die Gemälde von Haus und Hof, von Pflanzen, Tieren, Autos, Fahrrädern zunehmend perfekter. Je älter ein Kind wird, desto stärker sein Wunsch, alles richtig zu malen – so, wie es in Wirklichkeit ist. Daran haben Eltern, Kindergartenerzieherinnen und Lehrer Anteil, die loben, wenn etwas besonders »ähnlich« geworden ist. Abmalen steht jetzt hoch im Kurs. Schade, denn damit verschwindet viel von der eigenen Handschrift. Von der Kreativität des Kindes.

Kinder nehmen die Welt **mit allen Sinnen intensiv** wahr und wollen frühzeitig ihre **Wahrnehmungen** und Gefühle beim Malen und Zeichnen **ausdrücken**.

»WAS SOLL ICH DAZU SAGEN?«

Was soll das – eine Mondratte mit rosa Hut auf dem Kopf? Eine Maschine mit viereckigen Zahnrädern? Wie sollten Eltern auf die Bilder ihres Nachwuchses reagieren?

→ **ZUHÖREN. NACHFRAGEN.** Bitten Sie Ihr Kind, seine Bilder zu erklären. Die meisten Kinder sagen gern, dass die drei Striche da oben Zugvögel sind und der blaue Kreis ein Ententümpel. Sie lassen andere gern an ihren fantasievollen Höhenflügen teilnehmen und erzählen bereitwillig, wie die Ratte auf den Mond kommt.

→ **MACHEN SIE SICH NICHT LUSTIG** über die Bilder. Diese zeigen keine spleenigen oder seltsamen Ideen, sondern sind Ausdruck purer Kreativität, intensiver Lebensfreude oder Nachdenklichkeit – dem jeweiligen Entwicklungsstand entsprechend. Kinder wollen auch hier ernst genommen und nicht als kleine Spinner abqualifiziert werden.

→ **LOB RICHTIG PLATZIEREN.** Nicht bei jedem Bild, jeder kleinen Kritzelmaus, jedem Blumentopf müssen Sie in Begeisterung ausbrechen und den kleinen Maler preisen. Kinder haben ein feines Empfinden für richtige und falsche Töne. Ein ehrliches Lob (und vielleicht ein Platz an der Wand) für besonders schöne Werke gibt ihnen mehr Auftrieb.

→ **ABWARTEN.** Geben Sie Ihrem Kind Zeit, sich in aller Ruhe zu entwickeln, ohne ihm Ihre eigenen Vorstellungen überzustülpen – sonst macht es schnell dicht. Verliert seine Unbeschwertheit. Traut sich nicht mehr, seine eigenen inneren Bilder aufs Papier zu bringen.

→ **ZU WEITEREN WERKEN ANREGEN.** Geben Sie Ihrem Kind Raum fürs Malen. Den ganzen Esstisch. Den Fußboden im Hobbyraum, ausgelegt mit Tapetenresten. Balkon oder Terrasse, ausgelegt mit Packpapier. Probieren Sie gemeinsam aus, welches Material Ihrem Kind liegt. Filzstifte oder Wasserfarben? Fingerfarben oder Buntstifte?

Basteln, werkeln, bauen – eine Selbsterfahrung

Das Basteln und Werkeln mit allen möglichen Materialien macht Kindern Spaß und bringt sie wie das Malen (siehe vorige Seiten) in ihrer Entwicklung ein ganzes Stück weiter.

Vielleicht entspricht nicht alles aus der »Küchentisch-Werkstatt« genormten Schönheitsidealen, doch das ist auch gar nicht von Bedeutung, denn hier ist der Weg das Ziel: Es wird geschnipselt und gekleistert. Geformt und gehämmert. Dabei wird gelacht, gespielt, und jeder kann seine Gedanken einfach laufen lassen. Wo kommen sie an? Mit viel Fantasie werden Wolken vom Himmel geholt. Seltsame Dinge entwickelt. Dem Schöpferdrang sind keine Grenzen gesetzt!

Möglicherweise kommt einem kleinen Handwerker sogar der Gedanke: »Ich kann alles schaffen, ich kann sogar Berge versetzen, wenn ich nur will!« Dieses aufregende Gefühl der Unabhängigkeit fördert die Kreativität und stärkt das Selbstvertrauen: Ich bin, was ich mache. Ich kann aus ganz wenig ziemlich viel machen. Ich weiß mit meinen Händen wohin – ein gutes Mittel gegen Unsicherheit und Gefühle von Ohnmacht oder Hilflosigkeit.

Wie im Sandkasten, so kann Ihr Kind auch beim Werkeln und Basteln mit Holz und Pappe nach Kräften seine Hände einsetzen, über die Geschicklichkeit dieser feinen Instrumente staunen und sie weiterentwickeln. Es lernt mit seinen Fingern zu spielen. Zu denken und zu planen. Und: Wer mit seinen Händen geschickt umgehen kann, meistert einiges im Leben leichter: Kann reparieren, was kaputt ist. Kann selbst bauen, was fehlt.

Kleine Erfinder brauchen nicht viel

Setzt man ein Kind in den Sandkasten und gibt ihm etwas Wasser, dann beginnt es zu mantschen. Zu bauen. Es formt Kuchen und Kugeln. Darin zeigt sich die Lust des Menschen, etwas mit seinen Händen anzufangen. Setzt man ein Kind dagegen in einen Berg Spielzeug, sitzt es wahrscheinlich ratlos davor und weiß wenig damit anzufangen, denn die Puppe ist schon gestylt, der Autotransporter ist einfach perfekt. Da kann man nichts verbessern.

Vieles von dem vorhandenen Spielzeug können Sie ruhig für eine Weile in Kisten und Kästen packen und stattdessen Bastelmaterial auftischen: Pappe, Papier, Knete, Bastelfarben, Altmaterialien, Bastelwerkzeuge, Kleber … Erfinden und fabrizieren Sie zusammen mit Ihrem Kind neues Spielzeug: Aus einem Bierdeckel, der auf einen Weinkorken genagelt wird, entsteht ein Karussell. Aus einem bemalten Pingpongball mit Holzstab und Stoffrest wird eine Handpuppe. Aus einer leeren Schachtel entsteht ein Hexenhaus …

Natürlich braucht Ihr Kind beim Werkeln und Basteln Ihre Hilfe und Anleitung. Sie müssen ihm zeigen, wie man mit den ganz unterschiedlichen Materialien wie Schere und Hammer, mit Klebstoff und Nägeln, mit Pappe und Papier hantiert. Loben und ermutigen Sie es, dann kann aus guten Vorsätzen viel werden: Knetmonster in Eierkartonlandschaften, Papierstühle und Zigarrenschachtelkommoden, Wolkenkratzer aus Zahnpastaschachteln auf Inseln aus Brettern …

Im Alltag bleibt wenig **Raum für Kreativität**. Oft haben Kinder nur wenig **Gelegenheit,** Neues, **Eigenes** zu entwickeln. Umso besser, wenn sie **Möglichkeiten** dazu bekommen.

Musik:
Lieder und mehr

Das Zusammenspiel von Gefühlen und Gedanken, von Körper und Seele, Wissen und Können macht viel vom Reiz der Musik aus.

Schon im Babyalter spitzt ein Kind die Ohren, wenn es Musik hört. Bald wiegt es sich im Takt, tanzt und lernt eine Menge dabei: Musik bringt Leben in die Bude. Ihr Kind lässt sich auf Rhythmen ein. Auf Melodien. Es nimmt die Freude und Fröhlichkeit wahr, die von Musik oft ausgeht, ist hellwach bei der Sache. Wer es beobachtet, spürt förmlich, wie intensiv Hören, Verarbeitung des Gehörten, Körperhaltung und Gefühle beim Musikhören und Musikmachen zusammenspielen.

Jeder ist ein Musikant

Werden Sie aktiv! Das ist auch ohne größere musikalische Begabung möglich: Machen Sie zusammen Musik. Wenn Sie ihm eine Trommel in die Hand geben, legt es bestimmt gleich los – von Kopf bis Fuß dabei. Ein temperamentvolles Kind in schnellem Takt. Ein etwas gemütlicheres hat es beim Trommeln nicht ganz so eilig.

Geben Sie Ihrem Kind eine Rassel, eine Triangel, Klangstäbe. Warten Sie ab, was es damit anfängt. Vielleicht untermalt es mit selbst gemachten Klängen eine Geschichte, die Sie erzählen. Oder es versucht mit anderen zusammenzuspielen. Gelingt es, den Rhythmus aufeinander abzustimmen? Kein ganz einfaches Experiment – eine Übung in Einfühlungsvermögen, Selbstbeherrschung, sozialem Verhalten.

Hören Sie mit Ihrem Kind ganz bewusst und in aller Ruhe ab und zu eine Kindermusik-CD an, Pop oder Klassik. Dabei sammeln Sie Erfahrungen über verschiedene Rhythmen, Melodien, Instrumente.

SING'S NOCH MAL, MAMA!

Singen Sie zusammen. Noch als Erwachsene erinnern sich viele wohlig an Lieder aus der eigenen Kindheit: an den Bi-Ba-Butzemann, der im Kreis herum tanzt. An den Mond, der aufgegangen ist. An Schneeflöckchen, Weißröckchen. Ein bekanntes Lied ist wie ein Stück Heimat, zu dem man immer wieder zurückkehren kann.

Fast alle Eltern summen und singen von Anfang an für ihr Baby. Wenn es später darum geht, (zusammen) »richtige« Lieder zu singen, geben viele auf. Schade: Gemeinsames Singen (das nicht unbedingt schön sein muss) stärkt Selbstbewusstsein und Gemeinschaftsgefühl. Lieder …

- **MACHEN GUTE LAUNE:** Ringel, Ringel, Reihe …
- **TRÖSTEN:** Heile, heile Segen!
- **BERUHIGEN:** Weißt du, wie viel Sternlein stehen … (Der Rhythmus von Schlafliedern entspricht oft dem des Herzschlages).
- **FORDERN ZUM SPIELEN UND LACHEN AUF:** Hoppe, hoppe, Reiter, wenn er fällt …!
- **ERZÄHLEN GESCHICHTEN:** Dornröschen war ein schönes Kind
- **TRAINIEREN DIE SPRACHE:** Auf einem Baum ein Kuckuck saß, simsaladim, bamba, saladu, saladim …

Ein Kind leistet übrigens eine ganze Menge, wenn es ein Lied lernt:

- **EINE MELODIE** erinnern, erkennen und nachsingen.
- **EINZELNE TÖNE** zu einem Ganzen zusammenfügen.
- **VERSCHIEDENE TONLAGEN** unterscheiden und sie stimmlich formen.
- **DEN TEXT** kapieren und speichern.
- … **UND EINEN RHYTHMUS** soll das Ganze auch noch haben.

Singen, trommeln, **tanzen** – Kinder lassen sich gerne auf alles ein, was mit **Musik** zu tun hat.

GEZIELTE FÖRDERUNG – WIRKLICH NÖTIG?

Kinder brauchen Anregungen, keine Frage. Gerade und besonders in den ersten Lebensjahren. Die Forschung weiß inzwischen, wie wichtig Förderung für die Entwicklung eines Kindes ist, denn noch ist der Aufbau des Gehirns besonders beeinflussbar: Jeder Impuls von außen prägt die Verknüpfung der Nervenbahnen und damit die Persönlichkeit, die Denkweisen, die Fähigkeiten eines Menschen, also auch seine Kreativität, Intelligenz und sein soziales Verhalten. Welche Verbindungen im Gehirn endgültig werden, welche, weil ungenutzt, wieder verkümmern, das hängt von der Art, Menge und Qualität der Anregungen ab, die ein Kind aufnimmt.

Sollten Eltern also ein gezieltes und ausgeklügeltes Förderprogramm anbieten? Das muss nicht sein. Kinder suchen sich ihre Lernerfahrungen auf eigene Faust und lernen ganz von selbst – bei den Beschäftigungen, die ihnen reizvoll erscheinen. Beim Ausflug auf den Spielplatz ebenso wie beim Spielen mit Bauklötzen. Beim Singen wie beim Malen oder Basteln.

Wer sich mit seinem Kind am Sonntag zu Hause liebevoll beschäftigt, wer auf seine Fragen eingeht, auch ausgefallene Spiele zulässt, wer ihm Stoff zum Träumen, Erzählen, Fantasieren anbietet, spielerisch, locker und ohne ihm ein Programm überzustülpen, muss es am Montag nicht zu einem Extrakurs anmelden. Kinder sind neugierig, lernfähig, kreativ. Ihre Aufgabe als Eltern ist es, diese Fähigkeiten zu entdecken und im täglichen Leben zu fördern.

Bücher, die weiterhelfen

Bannenberg, T., *Yoga für Kinder*, GRÄFE UND UNZER

Bergmann, W., *Gute Autorität. Grundsätze einer zeitgemäßen Erziehung*, Beltz

Davidson, A. D./Davidson, R., *Lust aufs Leben. Was Eltern ihren Kindern mitgeben können*, Beltz

Dreikurs, R./Soltz, Vicki, *Kinder fordern uns heraus. Wie erziehen wir sie zeitgemäß?* Klett-Cotta

Ettrich, Prof. Dr. med. Ch./Murphy-Witt, M., *ADS – So fördern Sie Ihr Kind*, GRÄFE UND UNZER

Friesen, A. von, *Von Aggression bis Zärtlichkeit. Das Erziehungslexikon*, Kösel

Gebauer, K./Hüther, G., *Kinder brauchen Spielräume. Perspektiven für eine kreative Erziehung*, Walter

Herold, S., *300 Fragen zur Erziehung*, GRÄFE UND UNZER

Honkanen-Schoberth, P., *Starke Kinder brauchen starke Eltern. Der Elternkurs des Deutschen Kinderschutzbundes*, Urania

Hurrelmann, K./Unverzagt, G., *Kinder stark machen für das Leben. Herzenswärme, Freiräume, klare Regeln*, Herder

Juul, J., *Aus Erziehung wird Beziehung. Authentische Eltern – kompetente Kinder*, Herder

Juul, J., *Grenzen, Nähe, Respekt. Wie Eltern und Kinder sich finden*, Rowohlt

Kast-Zahn, A., *Jedes Kind kann Regeln lernen*, Oberstebrink

Katch, J., *Peng! Du bist tot! Kinder und die Gewalt in den Medien*, Beust

Kohl, M. A. F., *Mit Kindern kreativ durchs Jahr*, Verlag an der Ruhr

Kreusch-Jacob, D., *Musik macht klug*, Kösel

Kunze, P./Salamander, C., *Die schönsten Rituale für Kinder*, GRÄFE UND UNZER

Largo, R. H., *Kinderjahre. Die Individualität des Kindes als Herausforderung*, Piper

Mähler, B./Bickmann, D., *Der Elternkurs. Ein Programm für glückliche Familien*, Rowohlt

Nitsch, C./Hüther, Prof. *Dr. G., Kinder gezielt fördern*, GRÄFE UND UNZER

Nussbaum, C., *Familien-Alltag sicher im Griff*, GRÄFE UND UNZER

Rogge, J.-U., *Ohne Chaos geht es nicht*, Rowohlt

Rogge, J.-U., *Der große Erziehungsberater*, Rowohlt

Stamer-Brandt, P./Murphy-Witt, M., *Das Erziehungs-ABC: von Angst bis Zorn*, GRÄFE UND UNZER

Thiesen, P., *Mit allen Sinnen spielen. Wahrnehmungsförderung in Kindergarten, Grundschule und Familie – 200 Spielideen*, Beltz

Adressen, die weiterhelfen

Deutschland

Arbeitskreis Neue
Erziehung e.V.
Boppstraße 10
10967 Berlin
www.ane.de
www.aktiv-fuer-kinder.de
Allgemeine Informationen rund um die Erziehung

Bundesarbeitsgemeinschaft
Elterninitiativen (BAGE) e.V.
Einsteinstraße 111
81675 München
www.bage.de
Initiativen bundesweit, die Kinderbetreuung organisieren

Bundeskonferenz für
Erziehungsberatung e.V.
Herrnsraße 53
90763 Fürth
www.bke.de/ratsuchende.htm
Adressen der Erziehungsberatungsstellen bundesweit

Bundesverband Arbeitskreis
überaktives Kind e.V.
Postfach 41 07 24
12117 Berlin
www.bv-auek.de

Österreich

Elternwerkstatt. Verein im
Dienst von Kindern, Eltern,
PädagogInnen
Altmannsdorferstraße 172/31/2
1230 Wien
www.elternwerkstatt.at
Informationen und Angebote rund um Familie und Erziehung

Bundesministerium für
soziale Sicherheit und Generationen, Abteilung V/2
Franz-Josefs-Kai 51
1010 Wien
www.eltern-bildung.at
Informationen und Angebote zu Erziehungsfragen

Schweiz

Elternnotruf Zürich
Weinbergstraße 135
8006 Zürich
Telefon 044/261 88 66
Fax 044/261 89 03
E-Mail: 24h@elternnotruf.ch
Rund um die Uhr telefonische Beratung zu Erziehungsfragen, etwa wenn Eltern die Entwicklung ihres Kindes Sorgen macht oder wenn sie sich als Eltern überfordert fühlen

Internet-Links

www.eltern.de
In der Rubrik »Familie & Erziehung« aktuelle Informationen zu zahlreichen Familienthemen

www.familienhandbuch.de
Rat und Hilfe in allen Erziehungsfragen

www.kidnet.de
Infos und Kontakte für Eltern, mit Foren zu verschiedenen Erziehungsthemen

www.kidscat.ch
SOS-Adressen, Büchertipps, Online-Beratungsstellen und vieles mehr

www.kinderbuchforum.de
Tipps für lesenswerte Kinderbücher, aber auch Seite für Kinder, die hier neue Kinderbücher online lesen und in einer Schreibwerkstatt selbst Geschichten verfassen können

www.klasse2000.de
Deutschlandweit größtes Programm zur Förderung von Körperwahrnehmung und Gesundheit, Stärkung von Selbstwertgefühl und sozialer Kompetenz sowie Suchtprävention schon in der Grundschule

Register

Impressum

Programmleitung
Ulrich Ehrlenspiel
Redaktion
Reinhard Brendli
Lektorat
Barbara Kohl
Illustrationen
Ingo Fast, New York
Layout
independent Medien-Design, München (Ngoc Le-Tümmers)
Herstellung
Susanne Mühldorfer
Satz
Uhl + Massopust, Aalen
Lithos
Fotolito Longo, Bozen
Druck & Bindung
Druckhaus Kaufmann, Lahr

Die **GU-Homepage** finden Sie unter **www.gu-online.de**

Umwelthinweis
Dieses Buch wurde auf chlorfrei gebleichtem Papier gedruckt. Um Rohstoffe zu sparen, haben wir auf Folienverpackung verzichtet.

ISBN (10):
3-8338-0027-5
ISBN (13):
978-3-8338-0027-6
Auflage 5. 4. 3. 2. 1.
Jahr 10 09 08 07 06

Wichtiger Hinweis

Die Gedanken, Methoden und Anregungen in diesem Buch stellen die Meinung beziehungsweise Erfahrung der Verfasserin dar. Sie wurden von der Autorin nach bestem Wissen erstellt und mit größtmöglicher Sorgfalt geprüft. Dennoch können nur Sie selbst entscheiden, ob die hier geäußerten Vorschläge und Ansichten auf Ihre eigene Lebenssituation übertragbar und für Sie beziehungsweise Ihr Kind passend und hilfreich sind. Keinesfalls bieten diese jedoch Ersatz für eine persönliche medizinische oder therapeutische Beratung. Weder Autorin noch Verlag können für eventuelle Nachteile oder Schäden, die aus den im Buch gegebenen praktischen Hinweisen resultieren, eine Haftung übernehmen.

Das Original mit Garantie

Ihre Meinung ist uns wichtig.

Deshalb möchten wir Ihre Kritik, gerne aber auch Ihr Lob erfahren. Um als führender Ratgeberverlag für Sie noch besser zu werden. Darum: Schreiben Sie uns! Wir freuen uns auf Ihre Post und wünschen Ihnen viel Spaß mit Ihrem GU-Ratgeber.

Unsere Garantie: Sollte ein GU-Ratgeber einmal einen Fehler enthalten, schicken Sie uns das Buch mit einem kleinen Hinweis und der Quittung innerhalb von sechs Monaten nach dem Kauf zurück. Wir tauschen Ihnen den GU-Ratgeber gegen einen anderen zum gleichen oder einem ähnlichen Thema um.

GRÄFE UND UNZER VERLAG
Redaktion Partnerschaft & Familie
Postfach 86 03 25
81630 München
Fax: 089/41981-113
E-Mail: leserservice@graefe-und-unzer.de

GRÄFE UND UNZER

Ein Unternehmen der
GANSKE VERLAGSGRUPPE